# 奇跡を起こす
# 目覚めのレッスン

願いが叶う「4つのステージ」

The Awakening Course

ジョー・ヴィターレ　住友 進＝訳

サンマーク出版

問題がつくられた時と同じレベルの考え方で、問題を解決することはできない。

——アルバート・アインシュタイン

# はじめに

私は著書『あなたを成功と富と健康に導くハワイの秘法』（邦訳、ＰＨＰ研究所、以下『ハワイの秘法』）のなかで、三つの「目覚めのステージ」があると述べました。当時は、第四のステージがあるとは思っていなかったのです。

しかし今、私はこのステージを体験しています。

それは、アインシュタインや数多くのスピリチュアル・リーダーたちが説明し、実現してきた悟りの段階です。このステージは、あなたが今経験している他の出来事と同じように現実に存在していますが、これまでのどのステージよりもはるかにすばらしい体験を味わえるはずです。

本書は今までの私の全著作を凌駕《りょうが》した作品です。映画「ザ・シークレット」、

『宇宙スイッチ』（邦訳、サンマーク出版）『ハワイの秘法』といった著書を超える一冊なのです。もちろん、覚醒のステージについて書いた前著にもとづいて説明していますが、当時、第四ステージはまだ自分では体験したことがなかったので、書くことはできませんでした。

二〇〇九年、私は「目覚めのレッスン」というオーディオブックを録音しました。しかし、このプログラムが理解してもらえるか、買ってくれる人がいるだろうか、不安を抱いていたのも事実です。

ところがうれしいことに、このプログラムはベストセラーになり、何度も版を重ねました。世界中の人がこのプログラムに耳を傾け、「目覚め」への新たなステージを味わっているのです。悩みを抱えている人は、すべての問題を解決する秘訣《ひけつ》を手に入れることになったのです。

このすばらしい反響を受けて、私はこの秘訣を本にしようと決意しました。

今、あなたが手に取っているのが、その結晶です。あなたがすべての問題を解決し、求めていた幸せを実現されますように。

目覚めること、それがまさに幸福につながるのです。

奇跡を起こす目覚めのレッスン　目次

# Chapter I

## 「目覚め」とはいったい何か？　19

## Chapter 2

# 第一のレッスン「犠牲者意識」

# Chapter 3

## 第二のレッスン「自覚」 99

## Chapter 4

# 第三のレッスン「ゆだねる」

## Chapter 5

## 第四のレッスン「目覚め」 185

Chapter 6

# インタビュー「目覚めたミリオネア」 221

# Chapter 7

# プログラム「目覚めた人間関係」

ブックデザイン――坂川栄治＋永井亜矢子（坂川事務所）
カバー写真――©VGL/orion/amanaimages
本文ＤＴＰ――日本アートグラファ
編集協力――ぷれす
編集――平沢 拓（サンマーク出版）

# Chapter I

# 「目覚め」とはいったい何か？

## 価値あることに挑め

——ラテン語の座右の銘（十六世紀）

もしも、絶対に失敗しないとしたら、あなたは何をしますか？

大きな成功が保証されているとするなら、どんな仕事をしますか？

なんでも好きなものをあげると言われたら、何を選びますか？

あなたは何に挑もうとしますか？

今こそ、価値あることに挑む瞬間です。


「目覚めのレッスン」にようこそ。

あなたが私の本の熱心な読者でも、一冊も読んだことがなくても、どちらでも構いません。ともかく、本書を開いた時点で、無限の可能性が開かれたのです。

今、あなたは苦しい状況に置かれているかもしれません。私にも苦しい時期がありました。今でも苦しんでいる親戚がいます。しかし、私がこれまでの経験から苦労して学んできた原理を教えることで、なんとか立ち直ってもらおうとしています。

ダラスでホームレス生活を送っていた時、私はよく図書館に行って、本を読んでいたものです。そのなかの一冊、クラウド・ブリストルの『信念の魔術』（邦訳、ダイヤモンド社）は、私の人生に驚くほど大きな影響を与えてくれました。他にもナポレオン・ヒルの『思考は現実化する』（邦訳、きこ書房）のような本も読みました。

図書館には心から感謝しています。そこはまさに豊かさと叡智《えいち》の宝庫です。その後移ったヒューストンでは図書館へ行ってオーディオ・プログラムも借り出し、車に乗りながらテープに耳を傾けていたものです。この街では、自分を変えるきっかけとなった出来事も含め、実に多くの体験をしました。車の中を「大学」にし、テープに耳を傾けることで、私は成長し、自分を見つめ直していたのです。

## あらゆる状況には終わりがある

今のあなたの置かれている状況は一時的なものである、ということに気づいてください。すべては、現在という一時のなかだけで起こっていることにすぎません。一時的なことは必ず変化していきます。今の現実は変わっていくのです。

目を覚まし、目覚めのさまざまなステージをたどっていく時、あなたの苦痛や苦労も景色のように後ろに流れていきます。苦しみや争いのほとんどは、このうちの第一ステージが原因で生まれています。しかも、これは誰もが経験することです。

けれども一方で、多くの人がこのステージにずっと腰を据えたまま、死ぬまでそこから抜け出せずにいます。

## 生き方の道はひとつではない

多くの人にとって必要なのは、「生き方の道はひとつではないこと」に目を開くきっかけです。

あなたは、請求書や家賃の支払いについて不安を抱いているかもしれません。自分や親しい人の健康が気にかかっているかもしれません。しかし、このような問題を解決する方法は、なにもひとつに限ったことではありません。本書は、まさに各個人にこの真実を送り届けるために作られました。

私がホームレスだった時のことに、あなたも興味がおありかもしれません。私は一度もこの時代について詳しく話したことはありませんでした。それどころか、長い間、ダラスでホームレス生活をしていたことを認めたことさえなかったのです。

ホームレス生活を送っていたのは、一九七六年から一九七八年にかけてのこと。長い間、私はこの事実を無理やり脳裏から締め出していました。意識のなかでは、ずっとなかったことにしていた出来事だったのです。

しかし、人生が好転し、自分の経歴について人から尋ねられるようになった時、私はこの時期の出来事について話すようになりました。口にするのは気まずいことでしたが、話を聞いた相手にとって励みになることが分かったからです。だからみなさんにも、手短に説明しておくことにしましょう。

私はアラスカ州だけでなく、世界の国々に、石油・ガスのパイプラインを建設する仕事に従事していました。そのため、私はこの仕事を海外に紹介してくれる会社に、貯《た》めたお金を渡していました。この会社は、履歴書を作り、手紙を発送し、わが社を売り込んでくれることになっていました。私は仕事が来るまで食べていけるだけのお金を残し、実質的にすべてそこに注ぎ込んでいたのです。

ところが、この会社が倒産してしまったのです。会社のオーナーを探しましたが、自殺していて、投資したお金はすべて消えていました。

私はなにも持たずにダラスに来ていました。自分の有り金すべてを譲り渡したのに、まったく仕事はありません。車もなく、知り合い一人さえいません。当初は犯罪多発地域にある安アパートで暮らしていましたが、結局、なにもかも失い、郵便局の階段で眠ることになってしまったのです。

ウィル・スミス主演の「幸せのちから」という映画を見たことがあるでしょうか？　この映画では、善良で、勤勉な登場人物が、ちょっとした失敗で、たちまち教会、公衆トイレ、バスステーションで眠るはめになります。まさに私の人生そのものです。郵便局の階段で眠っていたのを覚えているのは、自分が私書箱を持っていたからです。自分が書いたものが採用され、出版社から小切手が送られてこないかと、ずっと期待して待っていたのです。

その当時のことをすべては思い出せません。なぜなら、とても暗く、心に深い傷を負ったためです。私はどうにかダラスを離れ、ヒューストンにたどり着きました。誓って言いますが、未《いま》だに、どうやってそこまで移動してきたのかまったく覚えていないのです。

ヒッチハイクもできなかったし、バスに乗ることもできませんでした。ダラスを離れてから、ホームレスになって心にできた傷は少なくとも十年間、消えることはありませんでした。なんらかの理由で、何度かこのダラスに行くこともありましたが、いつも気が進まず、悪いことも起きていました。

機会があって、ダラスに車で行った時のことです。ハイウェイでダラスの州境を横切るとすぐ、警官に車を止められ、反則切符を切られてしまいました。まるで、私の意識がこの時代と場所の呪縛から逃れられずにいるみたいでした。

多くのことを心から清算し、もっと目覚めるためには、たくさんのことをやらなくてはなりません。そうすれば不安はなくなります。今では、私はなんの問題もなくダラスに戻ることができます。

その秘密について、これからお話しすることにしましょう。

## どんな逆境も経験の一部にすぎない

ホームレスをしていた当時の経験は多くの点で私を鍛えてくれました。そして、そのことを話すことで大勢の人に勇気を与えてきました。今、あなたにも「自分だってやればできる」という気持ちが徐々に芽生えているのではないでしょうか。

もう二度とごめんですが、この時期を乗り切り、生きていられることに私は感謝しています。多くの点で、ホームレス生活はぞっとする時代でしたが、それでも今の自分を作ってくれた時期には違いないのです。

映画「ザ・シークレット」のなかでも、出演した師たちは全員、どのような人生を過ごしてきたか、尋ねられています。ストリート・ギャングだった師もいます。私は「ホームレスだった」と答えました。他の師がさまざまな苦労話をし、さらに次の師が重要な話をします。そして、私がとりわけ大好きなジャック・キャンフィールドの場面に切り替わります。

彼は「それで終わり？　それがどうしたというんだい。誰もがなにかしら話すことがあるものさ。あなただって、そして私にだって」と言っているのです。私が実際にホームレスを経験して、その状況を乗り越えられたというのも、そうした話のひとつにすぎません。

現在、私は当時とはまったく違った生活をしています。三十年ほど前はホームレスでしたが、今は車のコレクションや田舎の土地を所有し、世間一般的に豪華と言われる生活を送り、映画にも出演し、ベストセラー作家になりました。

このような人生を眺め、「どうしてこうなったのか？」を完全に理解しようとしても、なかなか頭の整理がつきません。ホームレスだった人間が、「目覚めた」ために、贅沢《ぜいたく》のできる人間に変わったのです。

あなたにこのことを伝えたいのは、目覚めというテーマが非常に重要だからです。私が学んだことは、実用的であり、スピリチュアルであり、励みとなり、経済的な報酬や恋愛の成就など、あなたが望むすべてのことを叶《かな》えていきます。この変化はひとことでは言い表しにくいのですが、今もずっと続いています。私の場合、ホームレスだった時の小さなきっかけが変化の始まりでした。

もちろん、目覚めるためにはホームレスにならなくてはいけない、などと考える必要はまったくありません。あなたがどのような状況にいようと、目覚めのステージを上っていくことができます。

ここで私が言いたいのは、あなたにも自分なりの物語があるということです。すなわち、成長し、目覚めていく上で必要な「過去の経験」をもっているということです。

別に、振り出しに戻る必要はありません。ホームレスになったり、借金をしたり、貧乏になったりする必要などまったくありません。仮に、このすべての逆境を今、味わわされているとしても、自分の経験のほんの一部にすぎないのだと考えてください。

大丈夫、きっと乗り越えることができます。

今の状況から目覚めることができます。

ただし、どんな形であれ、後戻りしようなどと思うことは禁物です。今後は、前進あるのみ。目覚めのステージを一歩ずつ上っていきましょう。その方法は、これから順序立てて説明していきます。

あなたが私の前作を読んだり、オーディオ・プログラムを聞いたり、DVDや映画を見たりしてきたかどうかは、ここではまったく関係ありません。なぜなら本書のなかで説明しようとしているのは、これまでどこにも話したことのないことだからです。

本書では、基本をすべて取り上げ、しかも、さらなる新しいステージについて教えていきます。私はあなたを一から導いていくつもりです。目覚めるための基本をひと通り説明した上で、最高の段階である「第四ステージ」について紹介していきます。

この目覚めの「第四ステージ」のことを今まで一度も話したことがなかったのには、もっともな理由があります。なぜなら、私自身も知らなかったからです。

私は、自分の人生の旅について、書物、オーディオ、講義、映画の出演などあらゆる手段を使って伝えてきました。この仕事は今も続けています。自分自身が成長し、進化し、目覚め、もっと意識的になって、人生の問題を乗り越えた時に、その手段を世の中に伝えることで、みなさんの役に立ててもらいたいという思いからです。

私のこれまでの作品をすべて知っているなら、すばらしいことです。しかし、知らなくても構いません。目覚めるための基本は本書のなかですべて網羅しました。それだけでなく、本書の内容はこの基本からさらに進んだところまでお話ししているのです。

シートベルトはしっかりとしめましたか？

これから、すばらしいひとときに向けて出発しましょう！

## 起こることはすべて最高の結末

今、なぜこんなことをしているのか？

なぜここにいるのか？

なぜ今、こんな事態になっているのか？

世の中を見回していると――私は勧めませんが、マスコミに関心を払っていると――おそらく多くの人が「なんてことだ。この状況を見てみろよ。地球は徐々に悪くなっている。待っているのは暗い未来ばかりだ」と嘆いているはずです。

自分の人生を眺めてみても、震えがきてしまうようなことばかり。

「どうすれば請求書を支払えるだろう？　家族の世話はどうしよう？　仕事は大丈夫だろうか？　次に何が起こるのだろう？　ガソリンがなくなったらどうしよう？　石油がなく

なったらどうしよう？　地球温暖化が進んでいったらどうしよう？　いったい、世の中の情勢はどうなっているんだ？」

私がこれから言うことは、あなたをかなり驚かせるかもしれませんが、聞いてください。実は、今、あなたが口にしているすべてのことが、未来において最高の結果をもたらしてくれるのです。

今、あなたが難しい問題を抱えているのは、自らの内面を見つめ、問題の原因に気づき、すばらしい解決策を発見し、あらゆることを乗り越えて、よりよい世界、よりよい場所、よりよい人生をつくり出すためなのです。

一見したところでは、いつもと同じで、いいことなんて起こりそうもないように見えます。しかし、その考えを覆す例をひとつだけご紹介することにしましょう。

数人の大統領のもとで経済顧問を務めたポール・ゼイン・ピルツァーという人がいます。彼は、一九七〇年代の石油危機で、石油が不足し、ガソリンスタンドに長い列ができていた時、「危機」は実際には刺激剤である、と指摘しました。なぜなら、エンジニアが石油やガスを見つけるため、もっと地層を深く掘り下げる新しい方法をつくり出したことで、何十年以上にわたって、石油の供給にいい影響がもたらされたからです（この石油危機の時代は私の成長期に当たっていましたが、石油の購入できる日がナンバープレートが奇数か偶数かによって決められていたのを覚えています。本当に異例の時代でした）。

問題は解決できないように思えます。しかし、実は、問題と見なされているものは、独創的な解決策を求める課題なのです。

今、あなたの人生にも同じことが起きています。

「どうやって請求書を支払おうか？　どうすれば家族を養っていけるのか？　自分の仕事はどうなってしまうのか？」と迷いながら座っているとしても、それはあなたの人生を改善する刺激剤であり、悪いことではありません。

今の状況は、あなたの目を新しい方向に向けて、内面を見つめ、もっと独創的に考え、心から偏見を取り去るように仕向けているのです。

あなたが心にこのような刺激を感じていなければ、本書を買おうとは絶対に思わず、このページを開くこともなかったはずです。ただ日常生活に流され、手軽な現実逃避の手段を考えるばかりで、成長し、目覚める機会を得ることはなかったでしょう。

このように考えれば、現実のどんなに苦しい事態も実際にはチャンスなのです。

不安を抱いていたとしても、それは悪いことではありません。

心が落ち着かないのは、今まで自分が体験したことがなかったからなのです。それは新しい靴を履くようなもので、たとえ自分に似合いの靴でも、最初はまめができてしまいます。しかし、皮膚はやがて治り、硬くなります。あなたは新しい靴を履いて、新しい人生を歩みはじめるのです。

心はずっと軽く、豊かになり、前途に希望の光が見えてきます。難しい問題のように見えても、きちんと対処しさえすれば必ず、すばらしい状況が開けていきます。

## その苦しみは今すぐ捨てることができる

人は「骨折り（efforting）」しすぎてしまうことがよくあります。おそらく、あなたも人生で「骨折りする」——読者にはなじみのない言葉かもしれませんが——すなわちずっと悪戦苦闘を繰り返し、人生と格闘してきたのではないでしょうか。

高校や大学の時、私はジャック・ロンドンやアーネスト・ヘミングウェイといった作家の小説を愛読していました。なぜなら、彼らは世の中に戦いを挑む人間だったからです。世の中を戦いの場と思っていたから、このような作家の考えに強い共感を覚えていたのです。ジョー・ヴィターレはまさしく世の中に反抗する人間だったのです。いや、私だけでなく、ほとんどの人がそう考えながら生きています。

このような意識から、何かを成し遂げようとするなら、その目標に挑戦し、何かを捨ててでも、一生、戦いながら人生を切り拓《ひら》いていかなくてはならない、と考えていたのです。こうした信念があったからこそ、実際に、同じような現実がつくり出されていたのです。

要するに、何かを獲得するためには戦わなくてはならないと信じているなら、実際に戦わざるを得ない現実が現れてくる、苦しまなくては何かを得ることはできないと信じているなら、実際に苦しむはめになってしまうということです。

その明らかな例をひとつ紹介しましょう。

昔、私がホームレスであったことはすでにお話ししました。そして、このような状況に陥ってしまった原因を自覚したのは、自己破滅型の作家を自分の人生の模範にしていたことに気づいたのがきっかけでした。

ジャック・ロンドンの死は自殺だったと言われていますし、アーネスト・ヘミングウェイも自ら命を絶っています。私はこのような作家の生き方を人生の指針とし、同じような人生を送らなくてはいけない、と考えるほど憧れていました。そのため、自滅への道をたどっていったのです。

私は人生と戦い、自分が不幸で、惨めであることを確信しました。結局、信念――作家として成功するためには、彼らと同じように苦しまなくてはいけないという信念――のために、同じように苦しむ結果となったのです。私はアルコールに溺れ、自堕落な生活を送り、気を滅入《めい》らせていました。私は彼らの文体を模範にして文章修業に励んでいましたが、生き方まで真似《まね》る必要はないという考えに気づくまで、彼らと同じ道をたどっていたのです。実際には、彼らの生き方を模範にする必要はありませんでした。

この真実に気づくと、私の目は、陽気で、多作で、成功している作家に向かうようになりました。それが、新しい現実をつくり出すきっかけとなったのです。

だから――この考えを初めて聞けば首をかしげてしまうかもしれませんが――あなたが今何かに悪戦苦闘していたとしても、実はそんなに苦しむ必要はないのです。あなたは過去も悪戦苦闘してきましたし、その生き方は十分役に立ち、経験から学び、成長し、鍛えられてきました。でも今、あなたはそのような生き方を捨てることができるのです。

人生をもっと楽に歩めるようにしてくれる、簡単な方法を教えましょう。

自分を四苦八苦させてきたものの正体に気づき、もっと簡単に富、成功、恋愛、豊かさを実現する方法を明らかにしてみせましょう。

もうそんなに苦しむことなく、あなたは望むものすべてを手にできるのです。人生で「骨を折る」必要はなくなり、人生の流れに乗れるようになるのです。自分も人生にこのような悪《あ》しき信念を抱いているのだろうか、と首をかしげているかもしれません。実は、その信念はあなたの意識ではなく、無意識のなかに隠されているのです。

## 信念から自由になれば人生は変わる

「失われた秘密」というプログラムのなかで、人生を変える秘訣《ひけつ》とは、外部の世界に結果が現れる前に、悪しき信念をクリア（浄化）することだ、と述べています。今、私の心がワクワクしているのは、この自分を制限している信念を見つけ出し、変えていく方法を、本書のなかでも説明することにしたからです。

おそらくあなたはこう感じていることでしょう。「自分の人生は苦労の連続だが、どうしてこのような状況になっているのか分からない。かつてのあなたのようにアーネスト・ヘミングウェイやジャック・ロンドンを模範にもしていなかったのに」と。

あなたの心のなかには、自らの現状をつくっている強い信念があります。私はその信念を発見し、取り除き、解放する手伝いをします。いったんその信念から自由になれば、世の中は別世界になります。なぜなら、信念はあなたの内面でしか生きていけないからです。

内面で活発になっているものが、宇宙に拡大され、その信念が真実になるよう配列し直されるのです。

この考え方を初めて耳にした人にとっては、やはり多少奇妙に聞こえるでしょうが、立ち止まらないでください。本書を読み、活用することで、現実をつくっているのは自分であることに気づくようになり、目覚めの第四ステージで、このような状況を乗り越えていく術《すべ》を見つけるでしょう。さしあたり、この点について心配はいりません。あなたの人生が苦しみばかりだったとしても、大丈夫。その苦労に終わりを告げる時が訪れたのです。

## 目覚めるための絶対確実なプログラム

今、みなさんに多くの実用的な手段、エクササイズ、瞑想《めいそう》法を伝えられることにワクワクしています。いずれも、あなたの前進を邪魔している信念を取り払い、目覚めるのに役立つものです。私は実務家肌で、経験豊富で分別があり、企業家でもあります。私は結果を求めています。そして、あなたにも人生のなかで、満足できる成果を出してほしいのです。だから、私が紹介するのは自己満足に終わるプログラムでも、おかしな呪文でもありません。まさしく「絶対確実な」プログラムなのです。

本書に紹介するテクニックや瞑想を実行し、私が信念について説明することに耳を傾けてください。「目覚め」の四つのステージをふまえて、自分が今、どのような状況にいるのか確かめてください。必ず状況は変わっていきます。

今のあなたの状況は一時的なものにすぎません。これからあなたが向かっていく場所が、本来あなたがいるはずの場所なのです。

では、話を続けましょう。

## 恐怖を放し飼いにしてはいけない

このプログラム（実際には人生そのもの）を実行している時、監視しなくてはならないもっとも重要なもの、それがまさしく「恐怖」という要素です。

恐怖は至るところに潜んでいます。周囲を見渡せば、地球全体が戦闘態勢にあり、誰もが自分以外の人間すべてを恐れているように見えることに気づきます。マスコミ（再度言いますが、マスコミを見聞きすることを私は勧めていません）に耳を傾けたなら、常に怖いことばかりが目につき、あなたに恐れる理由をいくらでも提供してくれます。
しかし、興味深いことに、恐怖に関心を払わなければ、恐れる理由などなくなってしまうのです。反対に、恐怖を放し飼いの状態にしておけば、あなたは前に進むのを妨害されてしまいます。

これからあなたに求めようとすることは、息を止めなさいとか、走っている列車やバスや車の前に立ちなさいなどといった、無謀なことではありません。少し時間をとって、自分がほんの少しの変化にも恐れを抱いていないかどうか、確認してもらうことです。

大勢の人が変化を拒んでいるのは、今、自分のいる場所が心地いいからなのです。周りを見回し、今いる場所がいいと感じ、実際に安心しているのです。

借金があっても、仕事が嫌いでも、人間関係がうまくいかなくても、腰痛に苦しんでいても、それで構わないのは、その状況に自分がなじんでいるせいです。しかしそれはもしかすると、多少の不快感を味わってでも、もっと多くのプラスを手に入れるために、目覚める瞬間が訪れているサインかもしれません。

「今いるところから動きたくない」と言って、恐れを抱きながら座っているなら、いつまで経《た》っても今の状況から抜け出すことはできません。この、安全圏を離れることと、恐怖を抱き続けるのは別のことです。

恐怖はあなたを押しとどめ、やろうとしていることを妨害してきます。私は、仕事には失敗する恐怖と同様に、成功する恐怖もあることに気づきました。なかには、このふたつの恐怖を同時に抱いている人さえいます。

## 恐怖を克服するには実行力が不可欠

私が次にお話しするのは、恐怖を克服することについてです。

すなわち、恐怖ではなく、自分の願望に意識を集中させることで、価値あることに挑んでいただきたいのです。その際、あなたが今まで一度も経験したことのないことも少し実行してもらう必要がありますが、恐れてはいけません。あなたの抱く不安は、新しいことを実行しようとしているから生まれているのです。

不安は、止まれの合図でも、恐怖を抱けという合図でもありません。あなたが新しいことを実行していることの合図であり、勇気を出して実行する時には、警戒を怠るなという合図なのです。

このプログラムのなかで私が実行するよう訴えているのは——有名な本に書かれている

ように――「ともかく、やってみよう」ということなのです。

私についてきてください。そうすれば、あなたは必ず目覚めることができます。

それは今日、この場所、この瞬間から始まるのです。

## 恐れていることをリストに書き留めなさい

まず、あなたが恐れていることをリストにしてください。

どんなことでも構いません。書き出してみるだけでも、恐怖に対する治療効果があります。その恐怖を頭から追い払えば、多くの点で問題は解決されます。なぜなら、紙の上に書いたことを見て、「なんだ、そんなに怖くなんてないや」と気づくからです。

恐怖のリストを作るのは、家を掃除するのと似ています。心から不安というゴミを掃除してしまうのですから。あらゆる恐怖を書き留めてください。そのリストを私はもちろん、誰にも見せる必要はありません。見るのはあなただけですから、安心してできるはずです。

恐怖を書き留めている時は、深呼吸してください。恐怖をありのままに書いてください。

次に、一つひとつの恐怖を眺めて、「実際に怖いのか？」と問いかけます。答えはイエスでもノーでも構いません。しかし、リストを作成することで、きっと多くの恐怖がすでに解消されていることに気づくはずです。

それでは、ひと息ついて、さっそく作業に取りかかりましょう。

無意識の力については先に述べました。だから、恐怖を書き留めても、最初のうちは、それほどたくさんは書けないかもしれません。

しかし、恐怖に目を向け、怖いと思っていることを心から呼び出すと、無意識からふつふつと現れてくるでしょう。このような状況は実際とてもいいことです。逃げようとしたりせず、恐怖を書き留めていきましょう。

ひとつ書き留めたら、別の恐怖が表に現れてくるかもしれません。書いたら、さらに別の恐怖が現れるかもしれません。リストにしたものとは、ほとんど関連のない恐怖も浮かび上がってくるかもしれません。

思い浮かぶだけ多くの恐怖を書き留めた後は、ひと息つきましょう。

恐怖の数は五つかもしれませんし、五十かもしれません。深呼吸をし、少し時間をとって、「他に恐れているものはあるか？」と自分に問いかけます。

さあ、そこでも浮かんでくる恐怖はすべて書き留めてください。再度言いますが、自分を、そして無意識を信じることです。安心感を抱けば、浮かんでくるはずです。リストを作るための快適で、安心できる場所を用意すれば、恐怖はすべて心から解き放たれていくでしょう（このリストを使った瞑想法は本章の最後に紹介します）。

## 恐怖の裏側に宝が隠されている

目覚めの瞬間を体験し、夢を実現し、恐怖を克服するのに役立つ「奇跡のコーチング・プログラム」を私は創りました。

ここでは、実際に私の身に起こった具体的な出来事をお話しすることにしましょう。

かなり前のことになりますが、私は『スピリチュアル・マーケティング』（邦訳、ヴォイス）という本を書きました。多くの点で、この本は危険な小冊子でした。というのは、私がすでにお堅い会社で本を出してもらっていたからです。

アメリカ・マーケティング協会から一冊、そしてナイチンゲール・コナント社からはオーディオ・プログラムも出していました。この手の会社は大変保守的だったので、『スピリチュアル・マーケティング』を世に出したりすれば、私がいったい何を考えているのかと不審に思われてしまいかねません。それはスピリチュアルのジャンルに分類される本で、従来のビジネス手法にとっては非現実的に思われる方法を説明していたからです。そのため、私は印刷したこの小冊子を、理解してくれそうな人にだけ配ることにしていました。もともと、この本は、姉にもっと目覚めを体感してもらい、恐怖を切り抜け、夢を実現してもらうために書いたものでした。

私が「お金持ちになる科学」のワークショップに参加し、主催者のボブ・プロクターにプレゼントとして一冊手渡したのは、一九九九年の十二月ころのことだったと記憶しています。

彼が、参加者にこの本のことを話してくれるとはまったく予想さえしていませんでした。しかし、彼は二百五十人の聴衆を前に舞台に立つと、この会場に有名人が来ていると告げ、私が今までに出した著書のタイトルを読み上げたのです。

彼が私のことを話しているのに気づき、立ちあがって、お辞儀をしました。すると、彼はさらにこう付け加えたのです。「ジョーが新しい本を書きました。未発表の作品で、誰もが必読の書です。タイトルは『スピリチュアル・マーケティング』」。

私は神経質な人間で、「私を見せしめにするつもりだ。私は外に連れ出され、痛めつけられるかもしれない」と不安がよぎりました。ところが予測に反して、二百五十人の聴衆は私のもとに駆け寄ってきて、全員、その本を読みたいと言ってくれたのです。

その時、百六十枚の名刺をもらいましたが、なかには本を出版したいと申し出てきた出版人もいました。「いったいなぜです？　まだ本を見てもいないじゃありませんか？」と尋ねると、彼はこう答えてくれたのです。

「でも、あなたは作家で、本を出版した経験もおありです。文章もきちんと書けるでしょうし、ボブ・プロクターも喜んで読んだのですから。原稿は見ていませんが、ぜひ出版しましょう」

早い話、私はこの本を世に出すのを怖がっていました。しかし、一九九九年にボブ・プロクターが私の背中を押してくれたのです。本は出版され、幸いにもベストセラーになりました。この『スピリチュアル・マーケティング』を私は増補・改訂し、タイトルを変えました。こうして生まれ変わった『宇宙スイッチ』は、大手出版社から世に出ることになりました。そして、『宇宙スイッチ』のおかげで、映画「ザ・シークレット」に出演する機会が生まれたのです。

「ザ・シークレット」の監督ロンダ・バーンは、『宇宙スイッチ』を読んだ後、私に電話してきて「この本の考えを映画にしたい。資金が集まり、台本など撮影準備がすべて整ったら、映画に出演してもらいたい」と申し込んできたのです。

まだ、私は彼女がどんな人物かまったく知りませんでしたし、実際に映画になるのかどうかも分かりませんでした。しかし、彼女は口にしたことを見事に実現したのです。もちろん、後は知っての通り、「ザ・シークレット」はあっという間に世の中を席巻《せっけん》していきました。少なくとも、世の中の人々に、目覚めのための第二ステージの存在に気づかせたのです。

この映画をきっかけに、テレビ番組「ラリー・キング・ライブ」に二度出演し、ドニー・ドイチュが司会する「ザ・ビッグ・アイデア」にも出ることになりました。さらに、四つの映画に出演し、『ザ・シークレット』（邦訳、角川書店）が本となって出版されると、私のもとに新しい本の出版契約が次々に舞い込むようになりました。行け行けドンドンの状態です。『スピリチュアル・マーケティング』の出版からドミノ効果が現れたのです。

しかし、私は最初、この本を出版するのを恐れていました。前進するには、誰かの励ましが必要でした。

人を励ますのは本当にすばらしいことです。私があなたにお話ししたい重要なことも、励ますことの大切さなのです。私の役割は、あなたの背中を押して、夢に向かい、価値あることに挑んで、目覚めてもらうことにあります。

ボブ・プロクターは私を励ましてくれました。二百五十人の聴衆の前で、私はぎこちなくなってしまいましたが、恐怖、富、成功、恋愛に向き合う時、自分の求めているものが、往々にして恐れていることの真後ろに隠れていることを学びました。

恐怖に立ち向かうことこそが、非常に重要なのです。恐怖の裏側に宝が隠されているのですから。

## お金はけっして悪いものではない

このプログラムで、あなたにぜひ伝えたくてワクワクしていることのひとつは、豊かなことはいいことだ、という考えです。

お金はいいものなのです。にもかかわらず、多くの人が、お金をはねつけていることに気づきました。実際はお金が欲しいのに、無意識にお金を恐れているのです。

私は本書のなかで、この問題についてあなたと一緒に調べていきます。なぜなら、大勢の人が意識では「新しい仕事が欲しい」「自分の本を出版したい」「事業を成功させたい」「銀行に多額の金を預金したい」「借金から解放されたい」「お金に不自由しない生活を送りたい」と言っておきながら、無意識ではなんと言っていると思いますか？

「お金は悪いものだ。お金は邪悪だ。私はお金に価値をおかない。金持ちは俗物だ。税金ですべてもっていかれる」

これらの言葉はすべて、恐怖から生まれた信念です。表層意識では、「お金が欲しい」と言っているのに、この意識の下にはもっと強力な無意識が働いていて、「お金は欲しくない。だって、お金は怖いものなのだから」と言って、お金を拒絶しているのです。

しかし、私はお金がいいものであることに気づきました。実際に、お金は役に立つことを学んだのです。お金それ自体はエネルギーのない、いってみれば単なる交換手段にすぎません。けれども人間は全員、お金を手に入れることにエネルギーを注いでいます。

紙幣にしろ、貨幣にしろ、お金それ自体は純粋なものです。お金についてはなんとでも言えるでしょう。しかし、奇跡を起こすために利用できることも間違いのない事実です。

## あなたこそが世の中に貢献できる存在

実際に社会の役に立ち、世の中をもっと幸福で、健全で、豊かにしたいと思うのなら、それに貢献できるのは幸福で、健康で、豊かな個人だと、私は話してきました。

その人物が、あなたです。

## 「マーケティング」という言葉の新しい定義

今、私はスピリチュアル・マーケッターとして知られています。すでに話しましたが、私は後に『宇宙スイッチ』に増補・改訂した『スピリチュアル・マーケティング』という小冊子を執筆しました。

スピリチュアリティと物質は、同じコインの裏と表だと私は信じています。このふたつは正反対なものではなく、どちらも退けたりしてはいけません。あなたが人生で目覚めるためにはどちらも必要なのです。

この世の中を渡っていくには、スピリチュアリティと金銭が不可欠です。あなたの肉体の中にはエッセンスであるスピリットが必要ですが、この世の中を歩きまわるためには肉体も必要です。いずれかひとつを選ぶことはできず、どちらも生きていくには大切で、なくてはならないものなのです。

本書のテーマは「目覚め」です。これがあらゆる面で、ぜひあなたに実現していただきたいことなのです。

しかしここで、ひとつだけ指摘しておきたいことがあります。マーケティングについて人に話していると、彼らがマーケティングについて否定的で、悪いイメージを抱いているのをよく耳にしますが、このような考えは時代遅れです。

昔の学校ではマーケティングの前提は、人間を自分の意のままに操って、お金を巻き上げることでした。しかし、私はまったくこのような考えは信じていません。私にとって、マーケティングとは製品やサービスに対する愛を、喜んで聞いてくれる人に伝えることだと確信しています。私がこの事実に気づき、世の中に知らせたいと思ったのは、これこそ新しいマーケティングの定義であると考えたからです。

「マーケティングとは、自分の製品やサービスに対する愛を、一番耳を傾け、歓迎してくれる人に伝えること」なのです。

## 愛が「目覚め」の原動力となる

たとえば、私が「目覚めのレッスン」を話題にしている時、その原動力になっているのは私の情熱であり、あなたに対する愛情です。本書があなたの手元にあったり、すでに届いていたり、本書を買っていただいているなら、あなたは喜んでこの愛を迎え入れていることに気づきます。

私たちは心で結ばれているのです。私の心はあなたに援助の手を差し伸べ、今、読んでいるこの本にあなたは投資したのです。このやり取りはすべて愛にもとづいています。

マーケティング、お金、人生、豊かさ、恋愛、スピリチュアリティなど、愛と無縁なものはひとつもありません。

「目覚め」の本質は愛です。一緒にこのレッスンを歩んでいくことで、この真実はよりはっきりとしていくでしょう。

## 目覚めることでもたらされるメリット

では、ここまでの話を簡単にまとめ、このプログラムからどのようなメリットが手に入るのか調べてみましょう。

ひとつには、クレジットカードを清算したり、家や車のローンを支払い終えたりして、借金にけりをつけることです。不可能に思えるのは、今のあなたの心構えにもとづいて考えているからです。

目覚めの四つのステージをひとつひとつ上っていけば、実際に借金が完済できることが分かり、お金に不自由しなくなる方法が理解できるでしょう。

「財政的自由」とは、実際にお金、富のことであり、お金の悩みから解放されることです。こう言っても、やはりまだ首をかしげる人がいるかもしれません。

しかし、続けて読んでください。お金で困っておらず、すでにたくさん資産を所有して、なんの不自由もなく、すばらしい事業を起こしていたとしても、経済面以外では人生それほどうまくいっておらず、人間関係、恋愛、自尊心などで問題を抱えているかもしれません。これらの問題はすべて本書のなかで取り扱っていきます。あなたやあなたの周りに、健康問題で悩んでいる人がいるかもしれません。歳《とし》をとることに不安を抱いているかもしれませんし、太りすぎを気にしているかもしれません。これらの問題はすべて本書で取り上げています。

実は、私は約三十五キロ減量し、七つのフィットネス・コンテストに参加しました。子ども時代からずっと肥満体だったのですが、それでも減量し、コンテストに出場できるほどになれたのです。私にできたことなら、あなたにも、あなたの周りの人にも、絶対にできないはずはありません。

## 気の進まないことをやる必要はない

幸せを探そうとすることが、目覚めのプログラム全体の鍵となります。幸福を見つけることが、自分の願望をすべて達成するための鍵なのです。私はそのための方法を詳しく説明し、すぐに幸せになれる方法を教えます。

人生に何が起きたとしても、あなたが幸せでいられることが分かるでしょう。幸せを探し、今すぐ、幸せを味わってもらうためには、仕事や付き合う人を変える必要はありません。そして、自分が即物的なものに執着しているからといって、自分を責めたりしてはいけません。

車や家や娯楽品を求め、個人生活を楽しくするのはまったく悪いことではありません。どれも楽しいことで、求めるだけの価値があります。このような願望を満足させながら、意識を高め、目覚めのステージを進んでいく時、あなたは自然と、愛を込めて世の中のためになりたいという心境になっていくのです。

断食して、ガンジーのような人物になることはありません。自分が気の進まないことをやる必要などないのです。しかし、目覚めていくにつれて、本当の自分の姿が自然に現れてきて、あなたの心に何かをささやいてくるのです。

## 誰もが悟りに到達できる四つのステージ

「目覚めのコース」の説明を続けながら、このプログラムが私の人生にどれほど役に立ったのか具体的に触れていくことにします。

私は車が大好きですが、人の人生にプラスになりたいという気持ちもずっと失っていません。たとえば、私はホームレス問題を解決し、ホームレスになる人がいなくなる運動を開始しました。ごく自然に車やファンシー・リングなどを欲しくなることもありますが、一方であなたが意識の四つのステージをきちんと上っていけるように導きます。

繰り返しになりますが、私は今まで一度も目覚めの第四ステージについて話したことはありません。だから、私の過去の著書を読んだことのある人にとっても、このステージのことを知るのは初めてになるでしょう。つまりこれは、まったく新しいステージなのです。

もちろん、私の著書をこれまで読んだことがなかったとしても、幼稚園、小学校、中学校、高校、大学と進学していくように、一つずつステージをたどっていくことで、第四ステージに到達することができます。本書を読めば、この悟りの段階を実現することが可能になるのです。

## 心は無限の可能性を秘めている

あなたの心のなかに、利己的な目標を超えた大きな目標が潜んでいることを忘れないでください。

あなたは世界平和を求めているかもしれません。特定の地域や国家で世の中に貢献しようとしているかもしれません。本書で教える原理は、このような目標にも応用できるでしょう。実際に、あなたはこのプログラムを使って、想像できるすべてのことを実質的に達成することができます。目覚めるための手段をすべて利用して、前進していきましょう。

これこそがまさに私が抱いている願望なのです。

私は今、あなたに語りかけています。私が座っているこの場所から、あなたの座っている場所に、私は心から話しています。霊感、神の指針、過去の経験など、あなたにぜひ伝えたいことで私の頭のなかは渦を巻いています。私はあらかじめ筋書きを用意することはありません。私はこの文章を即興で書いています。私のハートからあなたのハートに、じかに語りかけているのです。それがこのプログラム全体の本質でもあります。

目覚めるために、あなたも心で読んでください。心、愛、幸福——これが鍵となる言葉であり、このプログラムを終える時、実際に表に現れてくる部分です。

引き続き、「目覚めのレッスン」をたどりながら、私に耳を傾けてください。

## 恐怖心をやわらげる瞑想のやり方

これから説明するステージはすべて、あなたの今後の人生を豊かにしてくれるでしょう。では本題に入る前に、ちょっとした瞑想をやってもらいます。

恐怖のリストを作る時のことを思い出せますか？　恐怖のリストを眺めながら、深呼吸します。ひとつずつ恐怖を眺めて、深呼吸してください。息を吸って五つ数えている間息を止め、自分のリストを眺めてください。次に三つ数えながら息を吐き出し、また新たに息を吸います。

もう一度言いますが、自然に呼吸し、緊張をゆっくりとほぐしている時、恐怖心が薄れていくのに気づくはずです。このような恐怖は、元の威力を失っています。リストに載っている恐怖について相変わらず気まずく感じたとしても、それはそれで構いません。恐怖それ自身を使って、何かをする必要はないのです。単に息を吸って、五つ数える間、息を止めて、それから三つ数える間に吐き出し、再び息を吸えばいいのです。

数分間、この呼吸を繰り返していると、あなたの意識はゆっくりとその日一日に入っていき、瞬間に集中力が高まり、恐れのない状態にゆっくりとたどり着きます。後で、自分が抱いていた恐怖の場面のいくつかに偶然遭遇する機会があっても、恐れは薄れていて、もっと自由になれるのです。実際に、恐怖から解放されているかもしれません。

考えすぎたり、感じすぎたりしてはいけません。無心に息をすることを楽しみ、リストを手に取って、恐怖を解放していきます。

それでは、続けていきましょう。次の章で、あなたは現状の自分の姿と出会うことになります。

# Chapter 2

# 第一のレッスン
# 「犠牲者意識」

人生がうまくいかないのは、あなたから楽しみを奪っている信念が相変わらず内面にあるからにほかなりません。かつてホームレスだった時、私はまさに秘密を学びました。豊かになりたいのに、貧困を抜け出せないのなら、おそらくあなたの内面に反対意志があるせいです。あなたはあらゆる行動をとり、あらゆる意志を抱き、「ザ・シークレット」を何度だって見ることができます。二百回も見た人がいるほどです！
しかし、反対意志を片づけてしまわないかぎり、変化は訪れてはくれないでしょう！

——ジョー・ヴィターレ

## 最初は頭が混乱して当たり前

「目覚めのレッスン」の第一ステージにようこそ。今、あなたは実際に多少、頭が混乱しているかもしれませんが、それでも構いません。

私には、『感情は、ひとを動かす』（邦訳、ヴォイス）『無銭旅行』という本を書いたマンディー・エヴァンスという陽気な友人がいます。かつて彼女は「頭が混乱しているのは、物事が明らかになる直前のすばらしい心の状態です」と言っています。

私は人生で何度も頭を混乱させてきましたが、いつも解答が頭のなかにポンと浮かんでくることに気づきました。雲が晴れて、太陽が現れ、突然、意識が新たになるのです。

この章では、この点について説明しましょう。

今、迷っていても、まったく平気です。この状況も人生のスケジュールに組み込まれているのですから。実際に、このプログラムを実行している間にも、何度か、頭を混乱させる事態に陥るかもしれません。

ご心配なく。楽しみながら私と一緒にプログラムを進めていきましょう。

## ほとんどの人が自分を「犠牲者」と考えている

まず、目覚めの第一ステージについて説明していきます。多くの点で、この第一ステージはまったく目覚めていない状態といえます。なぜなら、生まれた瞬間から、あなたは「犠牲者意識」を植えつけられてきたからです。

別に額に犠牲者と書かれた札が貼られているわけではありませんし、おそらくあなた自身も自分のことを犠牲者だとはまったく考えていないでしょう。しかし、生まれてすぐ、両親が世の中の仕組みについて教えはじめた瞬間から、あなたは外部の権威に従うようプログラムされています。

今、あなたは自分の信念がつくり出した世界のなかに住んでいます。信念が現実をつくっていることを理解しているなら、その信念を自分の両親も共有しているのが分かるはずです。なぜなら、親は自分の信念をあなたにダウンロードしているからです。

生まれた瞬間、あなたの頭は、なにも書かれていない石板に近い状態でした。しかし、あなたは両親の話を吸収し、実行していることを見て、結論を下すようになります。両親のすべての言動が判断基準になっていくのです。

たとえば、両親がお金はなかなか貯《た》まらないものだとか、お金は悪いものだとか、健康問題についてくよくよと考えていたとするなら、あなたにもこのような態度がうつっていきます。

両親から実に多くのプログラミングが行われますが、あなたがやがて入る学校でも、世の中の仕組みが教えられます。しかし、学校制度は必ずしも正しい目覚め方を教えてはくれません。学校で教えているのは、世の中で生き延びていく方法です。その点では、学校は正当な仕事をしています。

しかし、それだけでは完璧な仕事とはとても言えません。学校もあなたに世の中の富は限られているという考えを植えつけ、欠乏や限界について教えています。再度言いますが、表層意識ではこのような考えを抱いていなくても、あなたの潜在意識にはしっかり刻みつけられるのです。

宗教も親や学校と同じことをしています。あなたの両親が宇宙、神、神聖な存在を信仰していれば、あなたもほとんど疑問を抱くことなく信じています。ここでは、いい悪いの問題を言っているわけではありません。長い間、あなたは他の人間の言いなりになる訓練を受けてきた、という事実を話しているだけです。

政府もある程度、人に一定の考えを植えつけています。とりわけ影響が大きいのはマスコミです。テレビ、ニュース、そして最近ではインターネット。

これらを通して見るものは、程度の差こそあれ、いずれも一定の考えを吹き込もうとしています。

両親、学校、政府、宗教、マスコミのすべてが、あなたを洗脳して、自分の言いなりにしようとしているのです。

## 犠牲者意識を取り除くことが第一歩

第一ステージにおいて重要なテーマは、犠牲者とは何かということです。

ほとんどの人は、自分が犠牲者のように感じながら、悲しみのうちに一生を終えていきます。彼らは人生をよりよくしようと、犠牲者意識を抱きながら、活動しています。

たとえば、私が以前、ホームレスだったことはすでにお話ししました。私は仕事が欲しくて、犠牲者意識を抱く人と同じことをやっていました。求人広告に応募したのです。職を得てからも、犠牲者がふつうにやるのと同じことをしていました。転職しようとしたのです。私はさまざまな会社に履歴書を送りました。

今、私のもとにやってくる人々を見ていると、企業のCEOや重役でも、犠牲者であるという意識を抱いていて、現状とさして変わりばえのしない仕事を探しているのが、よく分かります。おそらく、心の奥底ではもう少しお金や利益を得たり、少し違った環境で働いたりできれば、満足できると思っているのでしょう。

しかし、そうはいっても彼らは、他の人間にパワーを吸い取られていて、今のままの状態で満足しなくてはいけない、と感じているのです。このような考えになってしまうのは、犠牲者意識が原因です。これがまず、あなたに目覚めてもらわなくてはいけない最初のステージです。

## 不平や不満を口にしてはいけない

自分がいつも不満を口にしているのに気づいていませんか?

長い間、私はこの第一ステージを経験しなくてはいけませんでした。

私は大きくなっていくにつれて、神を批判したり、親を非難したり、学校に文句をつけたり、ありとあらゆることに悪態をついていたのです。私は不満だらけでした。

なぜ、こんなに文句たらたらだったかというと、自分で責任をとりたくなかったからです。責任のとり方も分かりませんでした。

しかし、そんなことはまったく考えることなく、知らず知らずのうちに犠牲者になっていたのです。

前に、ジャック・ロンドンやアーネスト・ヘミングウェイのような作家のファンだったことを述べました。彼らが社会体制と戦い、自然と戦っていたからです。小説によれば、彼らは勝っていました。私も彼らと同じように戦おうとしましたが、自分が勝っていると思えたことはありませんでした。世の中にうまく溶け込めず、不幸であったことが、私の戦いの心をさらに煽《あお》っていきました。先ほど話題にした「骨折り」をしていたのです。

これはすべて、自分が犠牲者であることに気づけないことに原因があります。

ヘンリー・デーヴィッド・ソローは「多くの人が静かな絶望感を抱きながら暮らしている」と言っています。私は静かに、ときには激しく、自暴自棄の状態になっていました。周囲に耳を傾けたなら、あなたもたぶん制度、政府、大統領、テロリストなど多くのことに向けて不満が述べられているのが分かるでしょう。その不満は隣人、家族、友人から漏れてくるかもしれません……すると、自分まで犠牲者のひとりのような気分になってきませんか?

この第一ステージについての説明を読むうちに、自分が犠牲者のように考えているという事実に気づくはずです。そのことに気づいた瞬間、あなたは自覚的に活動できるようになります。相変わらず犠牲者のように感じていても、あなたは「今は犠牲者でも、これから今までと少し違うことをすれば、この第一ステージを乗り越えていける」と言えるようになります。

再度言いますが、ほとんどの人が犠牲者として生まれます。そして、一度もこの事実に気づけないがために、第二、第三、そして第四ステージへと進むことができないのです。

そう聞いて面くらっている人がいるかもしれません。でも、心配は無用です。あなたがステージを上り続けていくとき、そのことがはっきりするでしょう。

事実を無視せず、すべてを理解してください。こんな考えは自分とは無縁だと思ってしまうのは、この問題をこんなふうに（心から心に）語りかけてくれる人が誰もいなかったからです。この考えをしっかり理解し、絶対に無視してはいけません。

がんばって一緒に旅を続け、世の中の本当の仕組みを見つけだしましょう。

## 犠牲者のパターンから抜け出す七つの鍵

犠牲者意識を理解して、この意識を取り除く方法を身につける（実際に、次のステージに飛躍する）ために、七つの鍵となる原理についてお話ししましょう。この鍵となる七つの原理は、第一ステージに気づき、目覚めの第二ステージに上っていくのに役立ちます。

では、一緒に調べていくことにしましょう。

読んでいて、少しとまどうようなところがあるかもしれませんが、微笑《ほほえ》みながら読みつづけてもらえば、すべてが明らかになります。

## 起こったことを他人や環境のせいにしない

人生で自分の身に起こった出来事はすべて自分で責任をとります。他の人や環境のせいにはしません。あなたは悪くはありません。ただし、責任は自分でとります。

## 信念は無意識から吸収されていることを知る

第二の原理は、文化を通して吸収した信念ですが、自分ではそんな信念を抱いている自覚はありません。

私が前に説明したことに戻りますが、あなたは生まれてから、生き方や世の中の仕組みに関する情報や信念を受け入れ、ダウンロードしていきます。

いちいちそのことについて考えているわけではありません。しかし、すべて無意識に埋め込まれているのです。

## あなたにはまだ自分が知らない力が備わっている

第三の原理は、あなたは地球の支配者ではないということです。

あなたは神ではありません。しかし一方で、まだ気づかずにいるパワーがあなたには備わっています。

犠牲者意識の第一ステージにいる間は、見方によって、この原理に励まされもすれば、怖気《おじけ》づくかもしれません。しばらく、この考えを受け入れながら、この原理に自分がどのような感情を抱いているのか、確かめてください。

## 自分が考えていることを冷静に見つめる

第四の原理は、考え方を変えることはできるが、そのためには自分が考えていることに、気づかなくてはいけない、ということです。これはとても興味深い原理です。なぜなら多くの人が自分がどのような考えを抱いているかに気づいていないからです。このような人は、考えと自分が一心同体の状態になってしまっているからです。

犠牲者である第一ステージでは、いくら考えていても、思考はあなたから離れず、突き放して見ることはできません。今、あなたはこの目覚めのプログラムについて考えています。しかし、ひと息つくと、このプログラムについてどのような考えを抱いているか、自分が観察していることに気づけるはずです。

あなたは、表面上は目覚めのプログラムについて考えていますが、心のなかでは相変わらず犠牲者意識が幅をきかせていませんか？　だから、読んでいてしっくりこないのです。

自分の考えを変えるには、自分は思考とは独立した存在だということを理解する必要があります。この認識が、犠牲者意識を客観的にみて取り除き、第二ステージに上る方法を理解する上で、不可欠で効果的な第一歩になります。

## 「限界」や「不可能」の意識を取り払う

続いての原理は、「不可能と思えることでも実現できる」ことを理解することです。

あなたは自分の限界がどこにあるのか分かりません。私がこの原理を気に入っている理由は、「不可能なことは間違いない。限界は確実にある」と多くの人が反論してくるのが予想できるからです。

確かに、犠牲者意識にとらわれていると、誰でもそう感じています。しかし、科学の歴史をひもといたり、今、次々に生まれてくる大きな発見に目を向けてみれば、実際には限界などなく、不可能なことはない、と気づけるようになります。今、何が可能か話題にする場合、現在の科学や物理学にもとづいて話されます。しかし、科学や物理学が変化し続けるように、自分自身についてももっと詳しく分かっていきます。

ほんの少しの間、不可能だと思えることでも、やってみなくちゃ分からない、という考えを楽しんでください。

あなたに限界はありません。実は、これこそが真実なのです。あなたはすべてのことを試しているわけではありません。少ししか挑戦していないのであれば、壁にぶつかることもあるでしょう。しかし、信念を変えさえすれば、限界などまるでないことに気づくようになるのです。実際、前進を妨げている唯一の原因は、精神的な束縛だけなのです。

### 「強い感情を伴ったイメージ」を心のなかに抱く

第六の原理は、意志に感情が加わったイメージはすべて現実になりやすい、ということです。これは実に効果のある重要な原理です。

今までの人生のなかで、心底ほれ込んでいることや心底憎んでいることが、自分の周囲の至るところに現れていると思えたことはありませんか？　その理由は、あなたが抱いたイメージに強い感情が加えられているからです。

この原理については後でもう少し詳しく説明しましょう。

さしあたり、あなたが強い感情を抱いて心のなかに思い描いたイメージは――とりわけそれが愛か憎しみによるものなら――あなたの人生に引き寄せられるようになる、ということを受け入れてください。

## どんな目標に向かう時も遊び心を忘れない

最後の第七の原理は、執着や欲望を手放した時、奇跡が起こる、ということです。これは実に深遠な原理です。

聞く人によっては大きなショックを受けたかもしれません。しかし、それが嘘《うそ》偽りのない真実なのです。

いらないと言うのではないかぎり、あなたは自分の望むものをすべて手に入れることができます。後で、この原理はもっと理解できるようになります。

しかし、あなたが何かに執着しすぎたり、ひとつのことに依存しすぎてしまうと、実は目標を退けてしまうエネルギーを送って、かえって実現できなくなってしまうのです。もっと遊び心をもって自分の目標に向かう時ほど、愛のエネルギー、奔放なエネルギー、純粋なエネルギーが送り出せるようになります。おそらく、望みがすぐ実現するのは、遊び心をもって目標に当たっているからです。

## 誰もが同じパターンに陥っていることに気づく

目覚めの第一ステージを離れ、第二ステージに入っていくのに役立つ七つの原理を読みながら、あなたはおそらくなんらかの考えや信念を抱いたはずです。しかしおそらく、そのことにはまだ気づいていません。

読んでいて、どのような気分になりましたか？　私が言いたいのは、犠牲者意識は多少姑息《こそく》な手段を使ってでも、意識の下で相変わらず活動を続ける、ということです。

あなたは自分が言っていることに注意を払わなくてはいけません。「ジョー・ヴィターレ博士は、おかしいんじゃないのか」と口にしてはいませんか。

たとえば、自動車事故を起こしたとしましょう。あなたは誰を非難しますか？　新聞を読んで、石油危機やテロリズム警報などのニュースを読んだら、あなたは誰を非難するでしょう？

自分の内面を見ますか？　それとも「大統領の過ちだ」「政府の過ちだ」「政党の過ちだ」といったような言葉を口にしますか？

職場に問題があるなら、誰を非難しますか？　上司のせいにしますか？　天候のせいにしますか？

ふつう、犠牲者意識のもち主は、誰彼かまわず人に責任を押しつけます。自分の周囲全体の人間のせいだと指を差しているのです。

まず、誰もが同じことをしているのに気づいてください。私も、そしてあなたも今、責任転嫁しているのです。おそらく、ずっとそうしてきたはずです。今日も昨日も、何度かやっているはずです。

今は、この事実に気づくだけで結構です。本書において、それがまさに重要な点なのです。本書のテーマを「目覚め」にしたのもそのためです。すなわち、この事実に気づいた瞬間、あなたは目を覚ますのです。

## 自分と思考を切り離した時に訪れる解放感

この七つの原理に取り組むにしろ、取り組まないにしろ、少なくともあなたはこれらの原理について考えていることでしょう。

では、あなたとあなたの思考が一体ではない、という考えを調べてみましょう。

今、長い間、自分が思考を突き放して見ることができなかったとしたなら、次のことをしっかりと胸に刻みつけてください。なぜなら、そうすることですぐに上のステージに進めるからです。

あなたはこの七つの原理を読み、原理について考えました。これらの原理についてあなたがどのような考えを抱いているのか、気づきましたか？

もうひとつ質問させていただきます。今、私がこの質問をする時、あなたの頭のなかになにか考えが浮かんできます。私が話していることに、頭を振ったり、首をかしげたりしていますか？　それとも深呼吸して、「この考えと自分は別のもの」であることに気づいていますか？

空に雲が流れていくように、思考は頭を横切っていきます。思考は意識というキャンバスの上にあります。

しかし、あなたはその思考ではありません。次に浮かんでくる思考もあなたとは違います。この思考は観察することができますし、突き放して見ることもできます。そして、突き放して見られるようになった瞬間、解放感が生まれるのです。この解放感こそが、新しい意識状態に開かれる入り口をつくってくれるのです。

一度少し時間をとって、深呼吸をし、自分の考えをじっくり観察してください。この作業をすることで、人生に非常に強力な転換点が生まれます。

自分のことを犠牲者だと言ったり、責任を人に転嫁するのは簡単です。今、紹介したばかりの七つの原理を無視することも簡単にできます。しかし、私を信じてください。私は実際に目覚めの四つのステージをすべて経験してきました。そして今、あなたがこの最初のステージを抜け出すのを真剣に助けたいと思っています。

私はホームレスだったことがあり、その記憶が心の傷となり、ダラスになかなか行くことができなくなったと言いました。長い間、犠牲者意識を抱いていたためです。ダラスに戻るたび、何度も犠牲者意識が蘇《よみがえ》ってきました。本やオーディオ・プログラムを通して自分を見つめ直したとしても、人生のいくつかの領域には相変わらず犠牲者意識が多少残ってしまうことも、示唆してきました。

たとえば、恋愛はうまくいっているのに、体調が思わしくないかもしれません。そのことで、誰を非難していますか？　お金に困っているなら、それを誰のせいにしていますか？　私も何度かダラスに戻らなくてはいけないことがありましたが、自分の内面にしつこくくすぶり続ける信念を解き放つためには、「奇跡のコーチ」との出会いが必要でした。

本書のなかでも、このような悪《あ》しき信念からあなたを解放するための、エクササイズ、瞑想《めいそう》、テクニックを紹介していきます。そうすることで、あなたは解放され、もはや犠牲者ではなく、人生のあらゆる領域を楽しめるようになるでしょう。それが「目覚めのレッスン」の公約です。七つの原理について考え、自分の思考に関心を払うことで、この約束は実現します。

## 過去に起こった出来事を繰り返す必要はない

ここで区別しておかなくてはいけないことを指摘しておきましょう。それは、あなたが人生の出来事のなかで実際に犠牲者だったかもしれないからです。でも、ここでは過去に起こった出来事を問題にしているわけではありません。それはすでに終わったことです。

ただ、その出来事で受けた傷は癒やさなくてはいけません。すなわち、自分の人生に災いを引き寄せている恐れのある思考パターン、自分がもう嫌だと思っている環境にずっとあなたを引き止めようとしている思考体系が問題なのです。この環境から抜け出せずにいる原因は、自分を相変わらず犠牲者のように感じていることにあります。

確かに、心臓発作になったり、病気になったり、なんらかの犯罪に巻き込まれ、被害者になる危険性もあります。しかし、これらのことは今、私が説明していることとは別の話です。私が話題にしているのは、「自分は負け犬だ」といつもつぶやいている意識のことです。

あなたは、目標を設定する仕方を教えてくれる本を買ったり、セラピストのもとに通ったりしているかもしれません。新しい職を得るために新しい履歴書も書いたかもしれません。心のなかに、犠牲者意識を抱きながら。

ここで、ぜひ気づいていただきたいのは、未来は過去と同じではないということです。過去に起こった出来事を繰り返す必要はさらさらありません。人生で手に入れたいものは、過去の出来事に関するあなたの思考をクリアすることで、あなたのもとに訪れてくるのです。

## 人には自分が思っている以上の能力がある

繰り返します。深呼吸して、自分の抱いている信念に関心を払い、その思い込みが自分に降りかかる出来事をすべて世の中のせいにしているという事実に気づいてください。

あなたには今までできると思っていたより、はるかにすばらしい能力があります。先に教えた七つの原理をじっくり考える時は、再び読み返してください。これらの原理を理解した時、たぶん自分には何かを成しうる能力があると感じられるようになるでしょう。この新しい力を感じられた瞬間、あなたは犠牲者のステージを抜け出して、第二ステージに上っていけます。

私は、あなたを第二ステージに連れていけると考えただけでも心がワクワクします。私自身、犠牲者意識を抱いていたから分かるのです。長い間、このステージから先に進めずにいました。あまり愉快な場所ではなく、人生がどんなにすばらしいところか分からず、ずっと暗い雲の下にいるように感じていました。

しかし、自分の思考に関心を払い、責任を転嫁することをやめた時、今まで思っていた以上に、自分が多くのものを所有することができるという考えを楽しめるようになります。責任意識をもちはじめることで、この第一ステージから「目覚め」られるのです。

## どんな風に受け取るかはあなたの選択次第

自分の身に何か起こった時、それがあなたの犠牲者意識が原因であることを忘れずにいてください。

犠牲者意識を抱いている人は、自分に選択の余地があることに気づいていません。しかし同じ環境にいても、違う選択をする人もいます。

要するに、同じ家庭で育ち、同じような虐待を受けたとしても、心の傷を一生背負ってしまう人もいれば、虐待に関する本を執筆して、自分の経験を通して同じように苦しんでいる人を助けてあげられる人もいます。

あなたにも必ず選択肢があります。

自分に降りかかった出来事をひどく否定的なこととして眺めますか？　それとも災いを福となすすばらしい機会として眺めますか？

これは人生の出来事すべてに当てはまります。

犠牲者意識を抱いていても、その意識にどのように対処し、そこからどのような意味を汲《く》み取るかには、複数の選択肢があるのです。

先に述べたマンディー・エヴァンスは、『感情は、ひとを動かす』『無銭旅行』の二冊の著書をもつ作家で、後者の本のなかでは犠牲者意識について説明しています。彼女の方法では、人々に過去にさかのぼってもらい、起こった出来事をすべて調べてもらいます。ここで重要なのは、起こった出来事自体ではなく、その出来事からどのような意味を汲み取り、どのような決断を下すかであると彼女は指摘しています。

これは非常に大事なことです。なぜなら、体験をけっして許せない、忘れてはいけない恐ろしいこととして眺めていれば、長い間、その傷をずっと抱えたままになってしまうからです。それは大変不幸なことで、おそらくこれからも同じような経験を引き寄せてしまうことになるでしょう。

確かに、このような記憶があるのは、あまり愉快ではありません。しかしマンディー・エヴァンスは、同じ記憶、体験を眺めて、そこから違う意味を汲み取ることができたなら、災いを転じて福となすことができる、と主張しているのです。

## 人生で起こることにはすべてプラスの面がある

以前に書いた著書のなかで、私はカート・ライトという作家の言葉を引用しました。ここで彼の考えを簡単に説明しましょう。彼はこう言います。「たぶん、一年前に起こったことは思い出せるでしょう」と。

ある出来事が起きた時、大変マイナスのことだと思い、その時点では自分を犠牲者のように感じます。しかし、彼は続けて、一年後の現在、対象を客観的に眺めてみれば、その出来事のプラスの面もみられるようになっている、と言っています。そしておそらくあなたは、ユーモアさえ交えてその出来事を眺められるようになり、みんなにその話をして、笑わせることさえできるかもしれません。

一年経過し、ユーモアと客観的見方がもてるようになれば、マイナスの出来事もプラスに利用できるようになるのです。

少し余裕をもって考えてみれば、これはまことに奥深い方法です。人生にどんなことが起き、どんなに自分を犠牲者だと感じていようと、調べてみれば、そこにプラスの面がある、と言えるのです。

私がホームレスだったことや、長い間、貧困に苦しめられていた話をした時、実際にはその経験が自分を成長させるのに役に立った、ということを指摘しました。しかも、この話をすると、自分にも何かできるという勇気を人に与えることができるのです。このたったひとつのことだけでも、この時期は自分にとってプラスとなっているのです。

昔に戻って、自分に起こった出来事をすべていいことだったと考えられるようにすべきだ、とまでは言いません。なぜなら、苦しみの原因になってしまう出来事があることははっきり分かっているからです。まだ、その棘《とげ》は刺さったままかもしれません。それでも構いません。

私が話している言葉を、あなたは今読んでいます。今、私はあなたに愛を送っています。この方法を実行すれば、あなたは目覚め、すべてが新しいステージに上っていくことができます。

アインシュタインの言葉を借りると、「我々が直面している重大な問題は、その問題がつくり出された時と同じ考えのレベルにいたら、解決することなどできない」のです。この言葉はまさに超越思考について述べたものであり、目覚めの四つのステージを上っていくために、自分の考えに気づけるようにすることなのです。

あなたは第一ステージから目覚めなくてはいけません。あなたは犠牲者なのに、この事実に気づいていないかもしれません。それでも実行すべき最初の方法は、自分の考えているることに気づくようになることです。

今、あなたは何を考えていますか？

今、あなたは誰を非難していますか？

実際に、この質問に答えることで、自分の考え方が客観的にみえてきます。

## 「不満」の代わりに「意志」を口にしなさい

おもしろい話をしましょう。この世の中で私のお気に入りの本の一冊が、ウィル・ボウエンの『もう、不満は言わない』（邦訳、サンマーク出版）です。私は実際に著者と会い、インタビューし、今では、「地球の上から不満をなくす運動」の理事に就任しています。

第一ステージにいる人にとっては、このような運動は少し不自然なように聞こえます。

私たちは誰しも、とりわけ犠牲者なら不満を言うのが当たり前になっているからです。犠牲者は自分以外の人間に絶えず不満を言っています。でも、ウィル・ボウエンは次のような驚くべき課題を私たちに出しました。これは第一ステージのなかで、一般に利用されているテクニックで、第二ステージでも使うことができます。いえ、あなたの思考、成長、意識が人生のどのステージにあったとしても役に立ちます。

ボウエンは、一か月間、不平や不満を言わないようにする、という課題を出したのです。このエクササイズのまさに重要な点は、意識的になることです。

なぜこのテクニックが大好きかというと、私は意志のもつパワーを信じているからです。この点については、後でさらに詳しく説明しましょう。

ボウエンは、不満が口から出そうになる直前に止めている、と言っています。あなたは頭のなかで不満の声を耳にしていました。自分の車の前に割り込んできた車や上司や身近な人物に不満を言おうとしています。すると、脳のなかに突然、「不満が口に出かかっている」ことを知らせる警報ベルが鳴りはじめます。このベルが鳴り響いたら、一瞬、間を置き、自分の不満を自分の求めているものに言い換えます。「不満」の代わりに、自分の「意志」を述べるのです。

一度もこのテクニックを使ったことがなかったり、私の著書『宇宙スイッチ』を読んだり、映画「ザ・シークレット」を見たことがなくても、後でこの方法は詳しく述べるのでご安心ください。今は、自分の考えに気づくだけで結構です。

自分を犠牲者のように感じている第一ステージにおいて、これは非常に重要なことです。実際、気づくことで、犠牲者意識を過去のものにできるという事実に目覚められるのです。たぶんあなたは、自分をもっとコントロールすることができます。このパワーを感じとれるようにするひとつの方法は、自分が何を話そうとしているかに関心を払うことです。話していることではなく、話そうとしていること、という点に注意してください。

思考はあなたの頭のなかで形づくられます。あなたが思考を言葉にしようとする時、口をつぐむのです。一瞬、間を置いて、「むしろ私は何を求めているのか?」と考えてみるのです。たとえば、請求書が郵送されてきた時、「そんな金などない」と不平を述べる代わりに、「この請求書を払うためのお金が欲しい」という意志の言葉に言い換えてみるのです。

## 意志を言葉にする時、気まずさを感じても構わない

意志を言葉にすると、なにか落ち着かなくなってしまうかもしれません。それはあなたが今まで、意志を宣言するのに慣れてこなかったからです。犠牲者意識でずっと過ごして

いたとするなら、自分の寸法に合わない新しいスーツを試着しているような気持ちになるでしょう。

しかし、これは、新しいことを学ぶのと似ています。練習すれば、簡単にできるようになります。自分の考えていることに関心を払うのが、この第一ステージでは非常に重要なのです。

## 言葉の響きを変えれば現実をコントロールできる

もうひとつアドバイスを贈ります。

犠牲者意識にとらわれている第一ステージにいても、あなたは考えながら、言葉遊びをすることができます。この手段を使うことで、ほとんどの人が、問題だと思っている出来事を「チャンス」と呼べるようになります。

それには意識を変えることです。

たとえば、「運動しなくては」「仕事に行かなくては」「これをしなくちゃいけない」といった「すべき」を使うフレーズを、もっと前向きに「運動に取りかかろう。仕事に取りかかろう。この日、これに取りかかろう」といったフレーズに変えることができます。「取りかかろう」には肯定的な響きがあり、「すべき」のほうには無理やりやらされている感があります。言葉を変えることで、実際に、自分の現実をコントロールできるのです。「つまずき」と言う代わりに、「課題」があると言い換え、「敵がいる」と言う代わりに、「実際には、友人である」に変えます。「人生には自分を悩ませる人間がいる」と言う代わりに、「人生には自分を導いてくれる師がいる」と言い換えられます。

痛みがあれば、それを「合図」と呼びましょう。実は、痛みはあなたに大切なことを告げてくれるサインなのです。

## 痛みは自分に重要なことを教えてくれる合図

痛みに関心を払えば、大切なことを学ぶことができます。

痛みがある時、犠牲者のほとんどはこの状況から抜け出したいと願います。ただ単に痛みを消し去りたいのです。

痛みを生み出している根本的な原因を見つけ出せば、その痛みは実際に一時的ではなく永遠に取り除くことができます。だから、痛みは重要なことを告げる合図にできるのです。「(これこれのことを)要求します」と言う代わりに、「(これこれのことをしてくれると)ありがたいです」と言い換えられます。そのほうが丁寧であり、はるかに愛情がこもった表現です。

「不満がある」と言わずに、「お願いがある」と言いましょう。「なんてことをしてしまったんだ」という言葉には犠牲者の響きがありますが、「この状況は自分がつくり出したものだ」と責任感をもった言葉に言い換えることができます。

目覚めの第一ステージで実行できる、効果的な方法は数多くあります。言葉遊びをすることで、自分の思考、精神と向き合えるようになりますが、これはスタート地点にすぎません。

私も含め、誰もが犠牲者でした。しかし、それは悪いことではありません。あなたは徐々に目覚めているのですから。

少しずつ責任も負えるようになり、進歩しています。とてもすばらしいことをしているから、前進していけるのです。人生のなかで自分に投資するこの方法は、あなたに報酬を与えてくれるでしょう。

## 夢を叶えるために欠かせない条件とは？

夢を叶《かな》える方向に目を向けてみましょう。

私は自分や他人を励ます方法を探しています。しかし、昔は違っていました。すでに話したように、自分が大人になっていくとき、私は誰彼かまわず当たり散らしていたのです。しかし、私を信じてくれる人、励ましてくれる人、私からなにかすばらしいことを引き出してくれる人（埃《ほこり》を払い、少し磨いたり、水を与えたり、日の光を浴びせてもらえることで、私の内面に眠っているすばらしい宝を引き出してくれる人）に出会うことで、変化が現れはじめたのです。

私はあなたを励ましていきます。最近、私は、どこで励まし方について学んだのか、なぜ励ますのが重要なのか、自分や周囲の人を励ませば、人生で飛躍できるようになることをどうやって学んだのか、質問を受けます。私はこの質問を考えているうちに、一九八〇年代に読んだ『マーヴァ・コリンズの方法』という本を思い出しました。

マーヴァ・コリンズはシカゴの学校教師で、黒人居住地域のスラム街に勤務していました。しかし、彼女は学校制度にすっかり絶望し、ついに辞めてしまい、自分の家の二階に自分の学校を開きました。最初は、五人の子どもを教えていました。そのうちのふたりは彼女自身の子どもで、残りは基本的に学校制度から見放された子どもたちです。

彼らは——とくに、学校制度の基準からは——知的障害のある「特殊な」生徒と見なされ、文字を読めず、学習意欲もありませんでした。しかし、マーヴァは彼らを受け入れ、励ましました。

私はこの本から、彼女が実際に行ったことは、愛することであることを教えられました。子どもたちは自分のことを愛せず、多くの点で家庭の犠牲にされていました。しかし、彼女はこれらの子どもたちに愛を注いだのです。マーヴァを信頼し、子どもたちを預ける親も出てきました。

マーヴァは子どもたちに読み書き、シェークスピア、詩の書き方や朗読の仕方を教えました。教えてから一年後、彼らが学力検査を受けると、全員が平均よりもはるかにいい成績を上げたのです。彼女の方法は大評判になり、マーヴァ・コリンズは大きな学校を開きました。二百人の子どもを受け入れましたが、入学を希望する待機リストには、八百人もの子どもが載せられていました。

今考えると、これは想像を絶する出来事ですが、彼女が実行していることの本質は、犠牲者と思われている人を受け入れ、愛し、長所を見つけ出してあげることでした。子どもたちが悪いことをしても彼女は怒ったりせず、いいことをすれば報酬を与えていたのです。

もうひとり私が調べた人物が『アインシュタイン・ファクター』（邦訳、きこ書房）という本を書いたウィン・ウェンガーです。私はすっかりウィンにほれ込んでしまいました。ウィン自身がアインシュタインだ、とさえ思っているほどです。

彼は天才で、人を励ますことでＩＱを上げる方法を教えました。ほとんどの人は、ＩＱは生涯変わらない、と思い込んでいます。実は、この考え自体が犠牲者意識にほかならないのです。

ウィンは人々にイメージ・テクニックを教え、一日二十分訓練することで、さまざまな領域のＩＱを高くすることに成功しました。これは驚くべきことです。ウィンは、私に心理学の第一法則を教えてくれました。自分が集中していることはどんなことでも、もっとたくさん得られるようになるのです。

よいことをしている人を見ると、彼は褒めることにしています。マーヴァ・コリンズも、よい行いは褒めてあげました。このように励ますことで、人々が意識を集中していることをさらに伸ばしていったのです。あなたが集中しているものは、すべて実現するようになります。

## 世の中の正しいことに意識を集中しなさい

自分のよい面に焦点を当ててください。なぜなら、自分の悪い面ばかりに焦点を当てていて、自分を犠牲者であると思い込んでいると、このような出来事ばかりが数多く起こってしまうからです。それが紛れもない真実なのです。

ウィンによれば、これが心理学の第一法則です。自分を励まし、長所を見つけ、自分のなかに愛すべきものを見つけるための完璧な方法は、この目覚めの第一法則から花開き、生まれてきたものなのです。

あなたは犠牲者意識から抜け出せるようになります。なぜなら、以前、想像もしていなかったパワー、創造力、支配力、そして愛すべきものを、あなたは見つけられるようになるからです。

私がヒューストンで執筆と出版の方法を教えはじめた時、「マーヴァ・コリンズの方法」と「ウィン・ウェンガーの方法」を自分の人生で利用しはじめました。彼らと同じ方法を授業で応用したのです。

自分が犠牲者だと思っている人（自分はこうなる運命だったのだ、と考えている人）でも、実際に励まされると、見違えるようになります。自分は本など書けないと思い込んでいた人が、実際に書けるようになるのです。

私のクラスを受講しにきたある女性は、高校を卒業して以来、なにも書いたことがありませんでした。高校時代、作文で父親のことを書いた時、父親はこれはまったくなっちゃいないと言って、作文用紙を引きちぎってしまったのです。この出来事で心に傷を負ってしまい、彼女は自分が犠牲者のように思い込んでいました。

三十年後、私のクラスを受講した彼女に、文章作成法を教え、作家になるよう励ましました。彼女が抱いている犠牲者意識を抱く原因となった経験を書いてみたらどうかとアドバイスしたのです。

こうして、彼女はひとつの作品を仕上げました。すばらしい出来栄えでした。その本が出版されたかどうかは分かりませんが、彼女は自分を信じてくれる人を見つけることで、人生で前進できたのは間違いありません。私が編み出した「奇跡のコーチング・プログラム」は、人を励ましたり、信頼してくれる人物に近づくためのあらゆる原理を下敷きにつくり出したものです。

## 自分をじっくり観察すれば長所はいくらでも見つかる

ぜひ指摘しておきたいのは、自分を信じなくてはいけない、ということです。自分をじっくり観察してみれば、自分に悪い点、醜い点ばかりでなく、すぐれた点も見つけることができます。長所を見つけ出すことで、目覚めの第一ステージのなかで、自分を開花させてください。

## 出てきた長所をリストに箇条書きにしてみる

実際に、チャンスをとらえた時、実行しなくてはいけない賢明なこととは、自分の長所をすべて箇条書きにしてみることです。

あなたにも得意なことや、人から褒められることがあるはずです。そして、何がなんでも成し遂げたいことがあるはずです。利益など度外視して、やっていることがあるはずです。それは歌かも、演劇かもしれません。庭いじりをしたり、トレーニングをしたり、学習したり、話したりすることかもしれません。同じようなことが他にも数多くあるかもしれません。車をいじることでもいいでしょう。調べてみれば、何かあるはずです。

自分の長所だと感じることすべてに意識を集中し、リストを作ってください。自分の長所を認め、その技術を評価することが、自分のプラス面に意識を集中するための方法です。長所に光を当てていると、この優れた点はさらに伸びていきます。このことをしっかり覚えていてください。これが自分を愛せるようになるための方法なのです。

## 犠牲者だと感じた経験には必ず前向きな理由がある

今、あなたにやっていただきたいのは、自分が犠牲者であるように感じた、あらゆる瞬間のリストを作成してもらうことです。単に書き出すだけで構いません。それをずっと心の傷にしておく必要などないのです。気軽な気持ちでリスト作りをやってみてください。

ここでは、深呼吸するのが大変重要です。このエクササイズをする前に二、三度深呼吸すれば、気分も楽になるでしょう。体も動かしてみましょう。少しストレッチをしたり、肩を少し動かしたり、腕立て伏せをしてみるのもいいでしょう。背筋をまっすぐにして椅子に座り、深呼吸してください。ゆっくり息を吐いて、緊張をほぐし、リストの作成に取りかかります。

では最初に、犠牲者のように感じた経験や瞬間を書き出してください。このリストを作成し終えたら、そのなかからひとつ項目を選びます。何を選ぶかは重要ではありません。どれが正しいか、悪いかはありません。直感的にひとつの項目を選び、喜んで自分に受け入れます。

ここであなたにやってもらうのは、選んだ項目と対話することです。自分の好きなだけ、紙の上や心のなかで対話することができます。そこで、その体験から自分が学ばなくてはいけないことは何か、と自分に問いかけます。その際、その出来事には自分にとってプラスの面があると想定します。

繰り返し言いますが、きちんと息をするのを忘れてはいけません。あなたは守られていますし、緊張も解けています。状況と環境をコントロールし、心を落ち着け、安心して出来事を調べてください。

では、リストからひとつの項目を選び、過去に起こった出来事を実際に少し客観的な目で眺めてみることにしましょう。

経験があなたに何かを訴えかけてくると考えてください。奇妙に聞こえるのは分かっています。しかし、この経験にプラスの意味があるとするなら、そこからどんなことが語りかけられてくるでしょう？

何を感じ、耳にし、ひらめいたにしても、黙って受け入れてください。判断してはいけません。批判したり、疑問に思ったりしてもいけません。そのまま受け入れるのです。

では、その経験に、どのような意味があるのか問いかけてみましょう。この出来事の背後に隠されている自分にプラスになる面とは何だったのでしょう？ 心に浮かんでくるままにしてください。なかなか答えが聞こえてこなくても、答えは必ずあると信じてください。経験が語ってくれたり、出来事にポジティブな理由があるとするなら、いったいそれは何だったのか？ 浮かんできたことをすべて書いていきます。

なぜかなにも浮かんでこない気持ちがしてきますが、後でひょっこり答えが現れてくるはずです。それはあなたが散歩中か、テレビを見ている最中かもしれません。夢のなかに答えが現れることだってあります。答えが出てくると信じることが大切です。その経験がよかった理由、プラスの理由を喜んで受け入れてください。

答えは必ず出てきます。今、浮かんでこなくても、気にしないことです。いずれ必ず答えが現れます。浮かんできた答えは、残らず書き留めてください。気づくことが大切です。

さらにノートにもきちんと記しておきましょう。

リストの他のすべての項目も、自分の好きな時に同じように調べることができます。でも、すぐにすべてをやる必要はありません。時間をかけて、余裕のある時にやるので構いません。この作業は楽しんですることが大切です。

実質的に、あなたは完全に守られていることに気づくことです。緊張を解いてください。出来事すべては終わってしまったことです。あなたが探しているのが、その出来事のプラスの理由なのですから、それほど苦にならないはずです。

今、メッセージを受け取れなくても、緊張をほぐすことで、すばらしい愛が心にあふれてきます。この状態をじっくり味わいましょう。

それでは、次章でまたお会いしましょう。

# Chapter 3

# 第二のレッスン
# 「自覚」

宇宙はスピードが好きです。直感が内面からやりなさいと告げてくることがあれば、行動に移してください。自分の心のなかに願望があることは分かっているはずです。事業を始めたり、奉仕活動を始めたり、本を書きたいと思っているかもしれません。たくさんの願望があるかもしれません。しかし、やると決めたら、自分にしかできないことをやることです。

——ジョー・ヴィターレ

第二ステージにようこそ。これはあなたの能力を発揮してもらう段階です。このステージにあなたを導くことができたことを、私は非常にうれしく思っています。なぜなら、あなたが成長し、悟りの段階にぐっと近づいてくれたからです。あなたの意識はますます研ぎ澄まされ、一層、目覚めていくでしょう。

このステージでは、実際に魔法のような出来事が起きます。なぜなら、あなたは自分の人生をがらりと変える魔法使いに変身しはじめるからです。

では、犠牲者から自分の人生を自由に操れる人間になるには、どうすればいいのでしょう？　どうすれば第一ステージから第二ステージに進むことができるのでしょう？

## 目覚めのきっかけはふとした拍子にやってくる

映画を見たり、本を読んだりしている時、頭に何かポンと浮かんでくることはありませんか?

また、誰かの言葉を聞いたり、適切なセミナーに出席したり、ラジオ番組に耳を傾けている時、ひらめくことがあるかもしれません。

目覚めはそれと同じようにふいに訪れてくるものです。この点でいえば、映画「ザ・シークレット」は、多くの人に目覚めのきっかけを与えてくれた、といえるでしょう。二〇〇六年に映画が公開されると、まずアメリカ中に、そして次には世界全体に広まっていきました。この映画を見た全員が、実質的に自分には何かを成しうる能力があることに目覚めていったのです。

「ザ・シークレット」とは何かを詳しく知りたければ、まず、www.thesecret.tv を検索し、すべて読んでみてください。映画の何シーンかを見たり、気に入ったらダウンロードするか、DVDを購入してください。一見の価値がある作品です。

## 心に思い描いたことはすべて叶えられる

「ザ・シークレット」の主題は、引き寄せの法則です。では、さっそくこの法則について話していくことにしましょう。

引き寄せの法則は、あなたの人生に起こっていることはすべて、あなたの無意識にある信念が引き寄せたものであるという原理です。あなたのエネルギー、信念、心構え、無意識が人生の経験として現実になるのです。

この原理を初めて聞いたとすれば、少しショックを覚えるかもしれません。なぜなら「なんてことだ。この失敗は自分の責任なのか。いいことも、悪いことも、どうでもいいことも、人生のなかで起こったすべてのことに責任があるのか」と考えてしまうからです。

確かに、あなたの責任です。しかし、あなたが意識的に失敗しているわけではありません。無意識が失敗を呼び込んでいるのです。だから、自分を責めてはいけません。自分が実際に何をやっているのか、気づいていないだけの話です。多くの点で、あなたは相変わらず犠牲者を演じてしまっているのです。

次に映画「ザ・シークレット」の内容をお話しします。この映画では、感情を込めて願望を心に思い描けば、実質的に望むことはすべて叶《かな》えられる、と主張されています。これは実にすばらしい知らせではありませんか。感情を込めて自分の願望に意識を集中し、直感に従って行動することで、実質的に人生は百八十度変えられるのですから。

この法則が実際にどのように働いているのか、具体的に私の例を挙げて話しましょう。

私は『宇宙スイッチ』という書物を書いたことがきっかけで、「ザ・シークレット」に出演することができました。『宇宙スイッチ』では、人生のなかで望んでいる富をはじめ、あらゆる願いを叶えるための五つのステップを明らかにしました。

今、あらためて五つのステップを説明することで、「ザ・シークレット」を学ぶ基礎になります。私たちはこの基礎にもとづいて人生を築き、さらに成長していけます。

## 『宇宙スイッチ』：願望を叶える五つのステップ

五つのステップとは何でしょう？

このステップではまず、自分が望んでいないことに気づくことです。ほとんどの人がこの最初のステップの状態にいます。自分が望んでいないことについてなら、はっきり分かっているはずです。

自分の仕事に文句を言い、企業家なら自分に仕事がこないことに不満を述べています。自分の健康、人間関係、金銭状態についても苦情を述べています。至るところ不平・不満だらけです。

## 自分にとって望ましくないことは何かを知る

自分にとって望ましくないことを知るのは、いいことで、有益なことである、と私は話しています。

それが「宇宙スイッチ」をオンにするための最初のステップなのです。

望ましくないことを知ることが大切な情報になりますから、忘れずメモしてください。実際、すでに書き留めたい気持ちになっているかもしれませんね。

次に、自分が口にしている望ましくないことをすべて書いた後、その文章を自分の望んでいることに言い換えてください。

## 自分が望んでいることを宣言する

第二ステップでは、自分の意志を高らかに宣言します。自分の願望をはっきりさせるのです。

「自分がいったい何を望んでいるのか見当がつかない」という人がいます。そんなときは、自分が何に不満を訴えているか調べ、それを肯定的な宣言に変えることです。否定的言葉を自分の目標に変え、意志にするのです。

「こんな仕事、大嫌いだ」といった言葉を口にしていることに気づいたなら、「私は仕事を愛するつもりだ」「自分の大好きな仕事を引き寄せるつもりだ」といった言葉に変えます。「家賃、電話料金、車の請求書を払えない。このような状況にほとほと疲れてしまった」といった言葉を口にしているようなら、それがあなたの不満です。その場合はこう考えましょう。「では、自分が望んでいることは何だろう?」と。

不満を意志の宣言に変えましょう。

おそらく、前に述べた不満は「期限が来るまでに、請求書を払っても困らないほどのお金が欲しい」「請求書のすべてを清算し、借金をなくしたい」といった意志の宣言になるはずです。

もうご承知の通り、これが第一ステップを利用し、第二ステップに到達する方法です。

第一ステップでは、望んでいないことをリストにします。第二ステップはこの「望まないこと」を「望むこと」に変えることです。

全米でもっとも人気のあるテレビ番組の司会者、オプラ・ウィンフリーも「意志こそ地球を動かす原動力だ」と言っています。この点については、後の章でさらに詳しく説明しましょう。

## 自分を制限している信念をクリア（浄化）する

第三ステップは大変奥が深く、重要なのにもかかわらず、ほとんど話題になっていません。その手段は「クリア（浄化）」と呼ばれています。いったいこれはどういう意味でしょう？

もしあなたが反対意志や否定的信念を抱いていたり、自分の価値や自信について疑問に思っていたりするなら、それが、実際に望んでいることを受け入れる邪魔をしてしまうでしょう。

第二ステップで、「減量するつもりだ」「禁煙するつもりだ」「大金を引き寄せるつもりだ」と宣言したかもしれません。しかし、あなたが心のなかで、できるという確信がなかったり、それは自分には大それた望みだと思っていたり、自分を制限する否定的信念をもっているなら、意志が実現しようとしている願望を妨げてしまいます。

だから、第三ステップでは、この否定的な考えを取り除く必要があります。あなたの成長を阻止している、無意識のなかにあるものをクリアしなくてはならないのです。

このステップをきちんと理解している人はほとんどいませんし、ほとんど話題にもなりません。そもそも本人がこのような否定的信念に気づいていないからです。

しかし、これはグッドニュースです。なぜなら反対意志をクリアすれば、実質的に望むすべてのものは、ほとんど瞬間に手に入れられるようになるのです。

これが第三ステップの公約です。

## 目標が達成されている状態をありありと思い描く

「宇宙スイッチ」の第四ステップは、「ネヴィルの方法を利用した目標の視覚化」です。

私はこの方法を短縮して「ネヴィル化する（Nevillize）」という造語を考えました。この言葉はネヴィル・ゴダードという男性にちなんでつくったものです。彼は神秘家、著述家、講演者で、感情を込めて、最終結果を心に思い描くと、人生に自分が望んでいるすべてのことが引き寄せられることを主張していました。

目標をネヴィル化する鍵を握るのは感情です。大勢の人がヴィジュアライゼーション（視覚化）についての知識をもっています（知らなくても、この章で説明しますから心配しないでください）。しかし、目標をネヴィル化するというのは、単なるヴィジュアライゼーションとは違います。この第四ステップのなかでは、望んだことの最終結果を想像します。

人生でもっとお金が欲しかったり、車、家、仕事、特定の人物、健康などが欲しかったなら、今、自分がその願望を叶えた状況を心に描きます。

これは将来の自分の姿を視覚化するのではなく、今この瞬間、すでに目標が達成されていると想定した上で行うのです。すでに、実現している振りをしていると、実際に引き寄せの法則の働きが加速していき、人生に最終結果が現れてくるのです。

目標をネヴィル化すれば、目標はもっと現実化し、宇宙も願望にもっと真剣に応えてくれるようになり、目標をあなたに届けてくれるのです。これが第四ステップの「目標のネヴィル化」です。

## 「実現したい」という欲求を手放す

第五ステップは、目標を宇宙にゆだねつつ、直感から伝えられた行動を実行に移していくことです。そのためには、執着心を捨てることです。

第二章で私が話題にした七つの原理を覚えていますか？　自分の欲求、依存症、欲しいという執着心を捨て去ることができた時、願望が実現し、すぐに多くのことがもっと引き寄せられてきます。あなたには、この引き寄せの流れをせき止める障害物はなにもなくなります。

ゆだねるとは、実現したいという欲求を捨て去ることです。仕事が欲しい、富が欲しい、健康が欲しい、車が欲しいなど、あなたが望むすべてのことを代わりに宇宙に託すのです。手に入らなくても、別に死ぬことはありません。がつがつするのではなく、緊張を解いて期待するのです。

ここでは多少遊び心も働かせてください。手放すことには「直感が告げてくることを行動に移す」ことも含まれています。ここが肝心なところです。

多くの人が映画「ザ・シークレット」を見て疑問を抱くのは、行動のことが話題になっていないという点です。「椅子に座って、車を所有している自分の姿を心に描き、椅子から立ち上がれば、車が駐車場に現れるってことなの？」と批判します。これでは、うまくいくわけがありません。

私は魔法や奇跡があると確信し、実現するものだと思っています。しかし、奇跡を起こすには、たいてい、何か実行しなくてはいけません。実際に行動をとる必要があるのです。あなたは実現への道を歩んでいかなくてはいけません。なぜなら、それが神と共同で、願望をつくり出すプロセスだからです。

あなたが行動することで、宇宙、神聖な存在、神――自分より高いパワーと思っていることならどんなことでも――も動きはじめ、実現に手を貸してくれます。この点で、これは共同作業なのです。

そのためには、「直感から告げられたことを行動に移さ」なくてはいけません。これが第五のステップです。

直感による行動は、内面から生まれてきます。「事業計画を書かなくてはいけない」「特定の人を見つけて、職を得るために広告を出さなくてはいけない」と言う代わりに、「内面から伝えられてくる直感は自分に何を告げているのか」に意識を集中してください。

それは本を書いたり、セミナーに出席することでも、いつも右に回っている道を、左に変えてみようといった単純なことでも構いません。その行動は、内面からあなたに刺激を与えているのです。内面から伝わってくるから、やる気も湧いてくるのです。

## このプロセスはどんなことにも応用できる

『宇宙スイッチ』では、今説明した五つのステップを扱いました。実質的に、どんなことにもこのステップは利用することができます。これが、自分が何かを成しうる能力に目覚める方法なのです。自分には思いもよらないすばらしいパワーがあると気づくためには、計り知れないほど重要な手段です。

犠牲者である間は、自分に何かを成しうる能力があるという気持ちはまったくもつことができません。「自分は世の中に反抗している」という意識で動いています。それがあなたの感じ方であり、そのせいで落胆したり、イライラしたりして、徐々にあなたを消耗させてしまいます。

映画「ザ・シークレット」を見て、引き寄せの法則については学ぶことができたかもしれません。『宇宙スイッチ』——そして、書籍化された『ザ・シークレット』以来、出版されてきたたくさんの本――も読んだかもしれません。いろいろな本が出版され、引き寄せの法則を書いている作家も多数います。

「すごい。体中にパワーがみなぎっている！　精神やヴィジュアライゼーションを利用すれば、実際に神が奇跡を起こしてくれるんだ！」

第二ステージの楽しさ、栄光、魔法は、この言葉に集約されています。

## 悩まなくても直感があなたを目標に導いてくれる

少し楽しみましょう。今、あなたが人生で手に入れたいものを想像してください。あなたは何を引き寄せたいですか？　今、この問いが、自分が何かを成しうることができるということを実感させてくれるはずです。

では、想像してみましょう。それは車ですか？　人間関係ですか？　それとも家ですか？　他に、あなたがずっと手に入れたいと思っていたものがありますか？　それは大げさなものでなくても構いません。不可能だと考えているものを思い浮かべる必要はありません。

少し想像力を膨らませてみましょう。あなたにとってはほんの少し背伸びでしょうが、実際に人生のなかに喜んで迎え入れたいものにしましょう。今、引き寄せたいのは何か、考えてください。

想像力を磨くためには、「宇宙スイッチ」の最初のステップを考えてもらえばいいでしょう。あなたはどんなことに不満を述べていましたか？「腰痛にはほとほとうんざりしている」と言っている場合には、腰を丈夫にすることを意識する必要があります。自分がこれまで不満を言ってきたことを考えてください。次に、そのいろいろな不満のなかからひとつ選びます。どんな不満でも構いません。どれがいい悪いはありません。次に、その不満を意志、宣言に変え、自分の願いにします。

願望を抱くのはすばらしいことですが、「この金額を手に入れるつもりだ」「予期せぬ収入を手に入れるつもりだ」「病気を治すつもりだ」と言ったほうが、単に「私はもっとお金が欲しい」と言うより、効果的で、やる気も湧いてきます。

願望を考え、自分が願望を叶えている姿を心に思い浮かべる時、その願望に関連する余計なことが頭に思い浮かんでいないか、注意してください。

たとえば、「この車が欲しい」と考えるなら、「でも、いったいそんな経済的余裕がどこにあるんだ？」「この車を手に入れたら、両親にどう思われるだろう？」「隣人たちに変に思われないだろうか?」「この車を手に入れたら、泥棒に狙われたりしないだろうか?」といった考えが浮かんできます。

多くの考えが頭のなかを横切っていくでしょう。ひとまず、この考えには手をつけずにいましょう。気づいていればそれでいいのです。机に向かって、あなたはこの考えを書き留めようとするもしれませんが、浮かんでくる考えは喜んで迎え入れてあげてください。深呼吸しながら、それが単なる思い込みだということに気づくことが大切です。

では、先を続けて、第四ステップに移ります。このステップでは、自分に引き寄せようとしているものはすでに手に入れている、と想像します。

このステップで大事なのは、最終結果を心に思い浮かべることです。あなたはすでに目標を成し遂げたと思っています。たとえば車なら、すでにあなたの家の駐車スペースに駐車されています。健康のことなら、病院に行って、医者から「すっかりよくなっています」と告げられます。

今まで目の前に立ちはだかっていた障害はすべて取り除かれます。あらゆる手段を使って、この段階で引き寄せた最終結果をできるかぎり鮮明に思い描きましょう。

新しい家が欲しくて、「この家を所有するつもりだ」と宣言したら、自分にその家を持つだけの価値があるのか、どのようにローンを払うかとささやきかけてくる考えに対処します。あなたはこの考えに気づき、手放します。今、家を手に入れた最終結果を視覚化しているステージにいます。家の中に入って、すばらしい気分に浸っている自分の姿を見ています。

目標を達成した気分になってください。目標をネヴィル化する鍵がここにあります。重要なのは、最終結果が鮮明に見えるようにすることです。

どうやって目標を引き寄せるか、考えることはありません。すでに目標は自分に徐々に引き寄せられているのです。自分の願望を成し遂げた場面を楽しんで、後は宇宙にゆだねることです。

ゆったり息をしながら、ゆだねてください。なぜなら第五のステップはゆだねつつ、直感にもとづいた行動をとることなのです。次の数分間、数時間、または数日のうちに、あなたは目標を実現するためにどんな行動をとればいいのか、自然に気づいていることでしょう。

直感はあなたの内面から生まれてくるもので、あなたにちょっとした刺激を与えてくれるはずです。この刺激にもとづいて行動してください。なぜならこのような刺激は、あなたよりはるかに大きな存在（宇宙）から送られてきたものだからです。

あなたの意識、エゴは、壁の中の小さな穴を通してしかものを見ることができません。

宇宙のなかで実際に生きるには、無意識を利用する必要があるのです。直感は無意識から生まれてきます。実際に、カール・ユングの言葉によると、集合的無意識から生まれ、無意識から意識に現れてくるのです。

気づくかどうかは別にして、あなたに行動を促してくる刺激、すなわち直感を受けているのです。

この直感を実行に移してください。なぜなら実行すれば、あなたの願望は引き寄せられ、現実になる方向にあなたを導いてくれるからです。

これはごく簡単なことで、効果もすぐに現れます。しかも、驚くほど深い影響が及んでいきます。

## 考えたこともないような大きな目標を描こう

今、あなたにお願いしたいことがあります。前に、私はあなたに価値あることに挑んでもらいたいと言いました。では、今、大きな目標を考えてください。

少し前に、この五つのステップを実際に行ってもらうために、小さな目標を立ててもらいました。今度は、その考えをもっと広げます。実際、奇跡でも起こせるという考えを楽しみながら、証明してみせてください。

## 「治らない」と言われた病気がなぜ回復したのか？

メイア・シュナイダーは生まれつき目が見えませんでした。実際に、盲人である証明書も持っています。いえ、それだけでなく、彼はその証明書をあなたに読んで聞かせることもできるし、現在、カリフォルニア州で車を運転し、視力の回復方法を数百人の人に教える学校も開いているのです。

彼は視力障害のある人の視力を回復し、目を見えるようにしているのです。メイアは、医者に目の水晶体を検査され、ものを見ることはできない、と告げられました。目がものに焦点を合わせられない構造になっていたのです。

でも今、彼は見えるのです。私は彼にインタビューし、一九八四年か一九八五年の「イースト／ウェスト」誌で特集記事にしました。彼は今も現役で、学校で教え、車を運転し、本を読み、人々を励まし続けています。

盲目は治らないといわれていますが、では、どうしてメイアの目は見えるようになったのでしょう?

もうひとつ、バリーとスージー・コーフマン夫妻の話をご紹介しましょう。かなり前のこと、この夫妻のひとり息子が自閉症として生まれてきました。

自閉症も治らないといわれています。長い間、自閉症の子どもを持つ親は、仕方がない——打つ手はない——と考えてきました。

しかし、例外は見つけることができるもの。

ふたりは、医学界の常識を受け入れませんでした。医者はこう告げてきます。「残念ながら、お子様は自閉症です」「この子に打つ手はありません」「他に子どもをつくり、その子に期待しなさい」。コーフマン夫妻はこの言葉を無視し、奇跡を信じました。愛の力を信じていたのです。彼らはありのままの状況を受け入れながら、息子のロンに愛を注いだのです。

七年後、ロンの自閉症は治り、しっかりした大人に成長しました。一流大学を卒業した彼には、自閉症の兆候はまったく残っておらず、今は企業の経営者になっています。これでも、自閉症は治らないと言い切れるでしょうか?

## 「不可能」なんて言葉は無視してしまえばいい

犠牲者意識を抱いている人は、他の人間が不可能だと言ったことをすべて真に受けてしまいます。しかし、そんなことを無視して、自分には何かを成しうる能力があるという意識を抱きはじめた瞬間、「不可能」という言葉は当てにならない用語となります。限界といわれていることを実際に検査すれば、誰の目にも不可能に映ることでも、なにか実行できる余地があることに気づくものです。

私は人々に、もっと大きな目標を考えなさい、と言っています。あなたがこの課題に多少抵抗感を抱いたなら、三つ目のステップの「クリア」を利用する必要があります。それは「浄化する」ことです。

抵抗とは、あなたの信念（思い込み）がささやいてくる「そんなことできるだろうか。うまくいくかどうか分からない。資金が集まるだろうか。物理的世界で、可能だろうか」といった言葉のことです。

これらの信念は、すべてクリアすることができます。

## マイナスの信念をクリアすれば願いは叶う

どうすれば信念をクリアすることができるのでしょう? 映画「ザ・シークレット」、引き寄せの法則のブーム、自著『宇宙スイッチ』のなかでも、これは重要な部分です。あなたがクリアしなくてはいけないのがマイナスの信念です。その信念がクリアされた時、目的は達成されます。

## 今すでにもっているものに対して感謝しなさい

私が実行するのが好きなことがふたつあります。そのひとつが、感謝することに意識を集中することです。

そう言われると、少し奇妙に思えるかもしれません。二十数年前にこの考えを聞いた時、私も「まあ、感謝しなくちゃならないことがあれば、感謝することにしよう」と考える程度でした。

しかし、このような感謝の仕方では、効果は現れません。実際に、今、自分が所有しているものに目を注いでください。どのような状況にいて、何を所有していようと、あなたはかなり豊かであることに気づく必要があるのです。

かつて私は「富へのAAAプラン」という講演を行っていました。最初のAは「すでに(already)」の意味です。あなたはすでに富んでいます。私は人々に立ち止まって、人生をじっくりと見てもらうようにしています。すると、自分には、ある種の移動手段、食べ物、安定、頭の上には屋根もあることに気づきます。失業保険かもしれませんが、おそらく収入もあるでしょう。第三世界の人々、そして昔の国の王様や女王と比べても、事実としてあなたは大変豊かなのです。

あなたは今すでに豊かです。実際に思っているよりははるかにうまくやっているのです。それでも、あなたはもっと多くのものを手に入れようとしてあくせくしています。しかし、感謝に意識を集中すれば、もっと多くの願望が成し遂げられます。

引き寄せるための方法のひとつ、それが、今すでに所有しているものに感謝することなのです。

私もこの考えを最初に聞いた時には、眉に唾をつけたものです。おそらく、あなたも同じかもしれません。

私は鉛筆を手に取って、ふと「じゃあ、この鉛筆に感謝してみよう」と思い立ったことを覚えています。私は鉛筆を手に取り、（少し不真面目に）「じゃあ、この一方の端から鉛の芯が出ている鉛筆でやってみよう。この鉛筆があれば、買い物リストから、遺書、すばらしい小説、演劇、ラブレター――たくさんのことを書くことができる」と思いました。「実際にすごい発明じゃないか？　一本の鉛筆でこんなにたくさんのことができるなんて」。もう一方の端を眺めてみると消しゴムがついていました。「消しゴムがついているなんて、なんてすごいアイデアだ」と考えました。なぜなら、自分が書いて気に入らないことは、すべて消し去ることができるからです。

鉛筆を眺めていて、自分がふとそんな言葉を口から漏らしているのに気づいた瞬間、私は心から感謝する気持ちになれたのです。鉛筆は実際に魔法の杖《つえ》のように思えてきました。自分の意志も、不満も、ラブレターも書くことができました。遺書だって鉛筆があれば書けます。

つまり、私はこのひとつの物でたくさんのことが実行できるのです。気に入らなければ、消すことだってできます。

鉛筆に感謝の念を覚えることで、素直な気持ちになり、宇宙の愛も迎え入れられるようになりました。これは先にお話しした原理に戻ります。すなわち、自分が集中していることはすべて、もっと手に入るようになるのです。

感謝に意識を集中した時、もっと多くの感謝すべき経験や物が人生のなかに引き寄せられてきます。これは驚くべき魔法であり、本当にすばらしいことです。なぜなら、私はただ立ち止まって、周囲を見渡して、「今、自分は何に感謝しているか?」と言いさえすればよかったのですから。

感謝するのは話し相手かもしれないし、食べているものかもしれません。自分が息をしていること、生きていること、体内で働いてくれるすべての器官かもしれません。このようなことに感謝の気持ちを抱いている時、心のなかにあるすべての否定性は押し流されていきます。このことが今というこの瞬間に私の意識を連れ戻し、幸せな気分にしてくれます。実際に、この瞬間が非常にすばらしい時間であることに気づかせてくれるのです。

こうして、私は自分が感謝しているものや、さらにすばらしいものを自分のもとに引き寄せられるようになりました。

私の大好きなクリアするためのテクニックのひとつが、この「感謝の気持ち」を抱くことなのです。

## 小児脳卒中の少年が教えてくれたこと

カークという少年の話を少ししましょう。おそらく現在は、九歳になっているはずです。彼は生後六週間目に、小児脳卒中にかかりました。多くの高齢者が脳卒中になることは知っていましたが、子どもまでかかってしまう病気とは思ってもみませんでした。しかし、カークは実際になってしまったのです。家族にとってはまさに青天の霹靂《へきれき》でした。カークの両親と知り合いの友人から話を聞き、私はなんとか手助けができないものか、という気持ちになったのです。

私がカークの家族に多額の寄付をすると、母親からカークの写真が送られてきました。彼の写真はどれも、微笑《ほほえ》んでいました。その笑顔を眺めた時、私の顔もほころび、「人生はなんてすばらしいんだ」と思います。

母親は、カークは自分のことを不幸だなんてちっとも思っていない、と手紙で書いてきたり、話したりしてくれます。彼は身も心も幼いブッダです。彼は実に心が穏やかで、生まれたことに感謝しているのです。

幼いカークを見て、私も感謝の心を抱くようになります。感謝こそもっとも重要であるとまで感じています。

ありのままの自分、今の状況を受け入れながらも、あなたは相変わらずそこにプラスの要素をつくり出そうとしています。仮に脳卒中になったとしても、カークとまったく同じように、あなたも自分の体を治そうとするでしょう。

しかも大切なのは、彼がそれを陽気にやろうとしていることです。感謝の心、「生きていることへの喜び」を感じているのです。

この気持ちが、今、自分が所有しているすべてのものに感謝すべきであることを再確認させてくれます。あなたもぜひ、この気持ちを味わってみてください。

## 不満を感じる出来事には百万ドルの価値がある

感謝の念を抱くことが、願望を引き寄せるためのもっとも有効なテクニックのひとつであり、もっとも効果のあるクリア・テクニックです。

今、感謝することなどなにもないと感じていたり、多くの否定的な考えを抱いていたり、心のなかにたくさんの不満を抱えているなら、それでも構いません。

以前、私はドニー・ドイチュが司会するCNBCのテレビ番組「ザ・ビッグ・アイデア」に出演しました。私の人生でも誇りに思える瞬間でした。

私はこの経験を引き寄せられたことを喜んでいます。私は彼がすばらしい仕事をしていると思っていたからです。この番組のなかで、彼は繰り返し、富、金、金銭的自由は、自分が不満を述べているあらゆる出来事のなかに眠っている、と話しています。「この問題を解決してもらいたい」「誰かにこの問題に関して何かしてもらいたい」「誰かにこれを提供してほしい」と言っている時、周囲を見渡すようにと忠告しているのです。「馬鹿だな。その問題に百万ドルを獲得する手がかりがあるのに」とドイチュは言っています。

今、座りながら、「感謝する気持ちになれない。だって、こんな問題が発生しているんだから」と考えていたとしても、構いません。あなたはそんな状況を進んで受け入れつつ、心から感謝することさえできるのです。

きちんと道をたどっていけば、状況を一変させることができます。あなたが今何を考え、感じていても、大丈夫です。

## マイナスの信念を突き止める「探偵」になってみる

私が大好きなクリア・テクニックをもうひとつ話しておきましょう。それは信念を浄化するテクニックであり、隠された信念を見破る探偵の役割を果たしてくれます。

あなたの抱いている信念に気づくことが大変重要です。なぜなら、あなたの信念こそ現実をつくっているからです。人生に引き寄せたくても、引き寄せられないものがあるのは、あなたの無意識のなかに反対意志があるからなのです。

もっと分かりやすく説明しましょう。元旦にほとんどの人が新年の誓いを立てます。「体重を減らしたい」「煙草《たばこ》をやめたい」「週三度、トレーニングしたい」など一年の始まりに宣言しているかもしれません。しかし、翌日、翌週、その誓いはどうなっているでしょう？

すっかり忘れてしまっているのです。

これが非常に重要なのは、あなたが「地球を動かしているのは意志であるなら、新年の誓いを立て、実際に望んでいるのに、実現しないのはどうしてなのか？」と考えているかもしれないからです。

ほとんどの人が前向きで、健全な意志を表明します。元旦に、「明日、ヘロインを打つつもりだ」などと誓っている人はまずいないでしょう。「職を探しに行くつもりだ」「事業を始めよう」といった前向きで、健全な誓いを立てているはずです。しかし、それが実現しないのは反対意志のせいです。無意識のなかに、意志よりもっと強力な反対意志があるためなのです。この反対意志が宣言した決意に逆襲し、こなごなにしてしまうのでしょう。

では、どうすればこの信念をクリアできるでしょうか?

それには、あなたが信念（反対意志）を探り出す「探偵」になることです。この方法は効果抜群です。あなたに急に浮かんでくる信念があります。ポンと浮かんでくるのは、心のなかに現れるからです。会話のなかにも姿をみせます。「いつもこんなことばかりだ」「お金がない」「自分はこうなる運命なんだ」「男なんていつもこんなものだ」「女はいつもこうだ」といった言葉をふとつぶやいていませんか。ここに反対意志があるのです。このような信念を耳にした時、「私はそれを信じているのか？」と自らに問いかけてください。「お金がない」という信念を抱いていても、構いません。それがあなたの抱いている信念です。少し休んで、「まったくお金がない、と信じているのか？」と自らに問いかけてください。あなたは「いいえ、そんなことは思っていない」と言っているかもしれません。もしそう答えたなら、それ以上、この問題は追及しないようにしましょう。おそらく、それほど強い信念ではないからです。しかし、「そうだ、自分にはお金がない」と答えても、構いません。さらに続けて「なぜそう信じているのか？」と問いかけます。

探り出そうとしているのは、自分が反対意志を抱いていることの証拠です。この質疑応答を行い、少し詳しく調べたら、あなたは本当の証拠を見つけているはずです。

このような信念を抱いた原因は、あなたの両親にあるのかもしれません。このような言葉は、給料が予想より少なかったり、食品の請求書を支払えなかった時、母親か父親が口にしたものだったかもしれません。その時、両親が「お金がない」といったような言葉を口にしたかもしれません。その言葉を耳にして、あなたはすんなりと受け入れてしまった可能性があります。なぜなら、そのころ、あなたにはこの言葉を疑ってみるほどの意識がなかったからです。でも、今のあなたは違います。

## 頭に浮かんでくることに疑問を投げかけ続ける

自分の信念に疑いを抱き、本当の証拠を手に入れようとする時、あなたはすばらしい解放感を味わい、力がみなぎってくるのを感じるでしょう。なぜならあなたには選択肢があるからです。この時点で、あなたは「それを信じ続けたい」と言うかもしれませんし、「その信念は役に立たない。考えを変えるか、それ以上問題にしないことにしよう」と言うこともできます。

それがこの質問をしていく過程で生まれるパワーです。愛情を込めて、やさしく自分に問いかけてください。

怒ったり、イライラするのは禁物です。楽しみながら質問してください。自分がシャーロック・ホームズになったつもりで、「信念狩り」をしているのです。

素直に自分に「私はお金に関して、どのようなことを信じているのか？」「人間関係について何を信じているのか？」「健康について何を信じているのか？」と問いかけてください。浮かんできた答えはすべて受け入れましょう。答えに、正解も誤りもありません。それが信念にほかなりません。

浮かんできた答えはすべて、書き留めておきます。次に、出てきた答えにも「それを信じているのか？」と問いかけます。信じていたとしても構いません。浮かんできた答えはすべて受け入れましょう。浮かんできた時、「この証拠を信じるのか？」と自問することができます。

信じないと答えれば、ここで質問は終了です。信じているというなら、さらに「なぜこの証拠を信じているのか？　この信念をなぜ信じ続けようとするのか？」と問いかけることができます。

他にも何か頭に浮かんでくることがあるでしょう。あなたはその考えにも質問することができます。

要するに、ここでは問題を楽しみながら掘り下げていくのです。書きながらこの作業を実行すれば、大変有効です。声を出して答えてもいいでしょう。私が始めた「奇跡のコーチング・プログラム」でも、現状を打破したい人に対する方法としてコーチ志望者に訓練しています。

紙とペンがあれば、自分ひとりでもできます。木の下に座って、声を出してやってもいいでしょう。実行すれば、現実を変えられます。

## 世間一般的な「真実」が必ずしも真実とは限らない

長い間、私はお金で苦労していました。何度もお話ししたように、私は一時ホームレスになり、長い間、貧しさと戦っていました。お金の問題を抱えていたのです。しかし、お金が実際にいいものであることを明らかにし、自分が稼いだお金で、人生や家族の生活、（できる範囲で）世の中の役に立てるようになった時、お金はもっと自分のもとに引き寄せられるようになりました。

使えば使うほど、お金は減っていく、とほとんどの人が思い込んでいます。私もずっとそう信じていました。しかし、ある時、私は「疑問を抱いた」のです。

「使えば使うほど、お金は減っていく」といった信念に疑問を抱く人はどれくらいいるでしょう？　この考えは当たり前だと感じ、真実と思われています。ほとんどの会計士は同意するはずです。しかし、私はこの信念に疑問を抱き、「それは実際に本当のことか？」と考えてみたのです。

自分には何かを成しうる能力があると実感し、宇宙と共同で現実をつくり出していることに気づきました。自分の信念がつくり出した現実に生きているなら、この信念に疑いを抱いたとすれば、現実はどうなるでしょう？

私は「使えば使うほど、お金は減っていく」という信念に疑問を抱いてみました。そして、真実と思われていることが必ずしも真実とは限らないことに気づいたのです。私はこの信念を「使えば使うほど、お金を受け取ることができる」に変えてみました。今は、これが私の現実になっています。私はそれほど早くお金を使い切ることができないほど、豊かになりました。「使えば使うほど、お金を受け取る」というのが今の私の生き方になっています。

この新しい信念を論理的に説明することはできません。なぜなら、この状況は宇宙と無意識がつながったことで起こっているからです。

しかし、欲しくなったらなっただけ何にでもお金を使ってしまうと、切りがなくなってしまいます。前にお話ししたように、カークの母親にお金を渡した出来事もそのひとつですが、自らの理想のためにもお金を使っているのです。

私は自分の理想を実行に移しはじめました。自分のために嗜好品《しこうひん》や車も買っていますが、自分も含め、すばらしい人々のためにも、いろいろなことを実行に移しました。そうすると、かえってお金は私のもとに流れ続けてくれたのです。

なぜでしょう？　昔と今の人生のどこが変わったのでしょう？

その違いとは、私の信念が前向きな方向に変わったことにあります。

「使えば使うほど、お金が減っていく」という信念に疑問を抱くまでは、それは当然のことに思えていました。今、私は「使えば使うほど、お金を受け取れる」という信念を抱いています。この信念のほうがはるかに私の心をいきいきとさせてくれるのです。

## 心のなかで感謝していることをすべて書き出そう

ここまでは、受け取ることについて話してきました。次は、あなたに感謝のリストを作成してもらう番です。

これは紙さえあればできますし、頭のなかでやってもらっても構いません。まず、小さな一歩を踏み出しましょう。周りを見回して、「私は何に感謝しているか？」と自分に問いかけてください。

たとえば、息をしていることを例にとりましょう。息のことを考えながら、深呼吸をしてください。数秒間、息を止め、吐いてください。吐いた瞬間、爽快な気分を味わいましょう。あなたは息をしていることに感謝できるかもしれません。人生の感謝のリストを作成する時、この本を読んで、私の言葉に緊張を解きながら、このすばらしい瞬間に生きているのです。

心のなかで感謝できることを思い浮かべてください。机に向かっているなら、あなたが感謝していることをすべて書き出してみましょう。

自分の手、脚、顔、髪に感謝できるかもしれません。人生で出会ったすべての人に感謝するかもしれません。働けること、車、家、隣人に感謝するかもしれません。あなたの暮らす都市、州、国家にも感謝の念が湧いてくるかもしれません。鉛筆のような小さなものもありがたく思えてくるでしょう。

感謝しているものをすべて書き出し、リストにしましょう。

## 何事にも心を込めなければ効果は消えてしまう

心を込めて感謝してください。実際に重要なのは、感情なのです。このリストを作成している時、感謝していることに注目してください。ほとんど毎晩、私はお風呂につかりながら、自分の人生についてじっくりと考え、心のなかで自分が感謝しているあらゆることを思い浮かべています。

本当に深い感謝の気持ちが湧いてくると、泣き出しそうになります。なぜなら、私は人生に起こった出来事に深く感謝しているからです。あなたもぜひ、同じことをやってみてください。

周囲を見回して、こう言いましょう。

「状況を改善し、人生で多くのことをやりたいけど、実際は、今でも、すべてが順調です。今、私は豊かで、感謝すべきことを記した長いリストも持っています」

心のなかでこのリストに感謝し、その後、現れてきた最初のチャンスを書き留めてください。この方法はすばらしい効果を発揮してくれます。

## 感謝するほど同じ体験を味わえるようになる

前に述べたように、あなたが集中しているものが、たくさん手に入ってきます。感謝に焦点を当てる時、あなたには感謝することがもっとたくさん引き寄せられてくるのです。これは心理学のなかでももっとも重要な規則です。それが事実であり、現実なのです。あなたが感謝しているものに焦点を合わせていると、それがあなたの現実になっていきます。

あなたは自分の体を眺めています。きっと体のなかに、本当に好きな部分があるはずです。それは腿《もも》ですか。あるいは腕、足ですか。体には大切な部分があります。それは目かもしれませんし、髪の色かもしれません。

それが何であれ、自分の体で好きな部分に焦点を当ててください。心のなかで好きな部分のリストを作り、後で書き留めてください。

次に、家を眺めてみましょう。どこに住んでいるのであれ、あなたは感謝できるものを持っているはずです。それは座り心地のいい椅子かソファーかもしれません。テレビか、DVDプレイヤーかもしれません。窓かもしれませんし、家が通りに面していることかもしれません。あなたが心から好きなものが家の中にあります。おそらく、家の中には、本当に感謝している場所がいくつかあるはずです。そしておそらく、今、あなたはそこにいるはずです。

家族を見てください。あなたには友達もいます。隣人もいます。家族もあります。両親を見てください。この人々に意識を集中してください。感謝していることに意識を集中するのです。その際、肝心なのは心を込めることです。

過去の経験も考えてみましょう。人生で起こった、本当にすばらしい出来事、楽しい出来事を思い出すことができるはずです。たぶん、思い出せば笑みがこぼれてくるでしょう。その出来事は深い愛情や深い感謝を感じることかもしれません。友人に話したい、とっておきの話はありませんか。その経験に意識を集中する時、感謝の念が湧いてくることに気づくはずです。感謝の心が内面から込み上げてくるようにし、感謝をしみじみ味わい、楽しみましょう。

仕事にも注目しましょう。おそらく仕事のなかにも気に入った作業があるはずです。好きな職種もあるでしょう。給料がもらえることも感謝の対象に入るでしょう。給付金かもしれません。あるいは、すばらしいビジネス・チャンスもあるでしょう。まだやっていないけど、ワクワクする仕事もあるでしょう。実際に取り組んで、うまくいった仕事もあるはずです。

旅行やレクリエーションで出かけた場所も考えてみましょう。休暇がとれたら、行きたい場所があるはずです。今までの旅行や休暇、楽しんだレクリエーションに感謝すると、どのような気分になりますか？　自分が得意だったり、楽しんだりしている娯楽があるはずです。やっていると、緊張もほぐれてくるはずです。

ともかくなんでもいいですから、感謝のリストを作ってください。これは感謝した瞬間のリストとして、何度でも参照することができます。それは人生の試金石のようなものです。感謝していることについて考えると、同じような体験をもっと味わえるようになります。今までとは違うすばらしい経験も引き寄せられるようになるでしょう。その経験に気づいてください。チャンスが現れたら、それも日記に書き留めておきましょう。

もう一度言いますが、ありがたいと気づいたことには、すべて感謝してください。気づいたらすぐに感謝すべきです。このように感謝する訓練ができることにも、ありがとうと言いましょう。

私たち全員が、完璧な存在です。あなたも感謝の念が抱けるようになったとしたら、私もうれしくなります。なぜなら、ここがすばらしい、大きなことを成し遂げるためのスタート地点だからです。

では、目を閉じてください。心地よくて、安全で、不安を抱いていない状態になったら、次のエクササイズに進み、どうなったかをしっかり書き留めてください。さあ、次のエクササイズに向けて、緊張を解いて……。

## 絶対に失敗しないとしたら、何を実行するか？

この章のはじめで、勇気を出して価値あることに挑みなさいと言いました。さらに、メイア・シュナイダーが盲目であった話をし、コーフマン夫妻が子どもの自閉症を治したことを話しました。あなたも価値あることに挑みましょう。夢をもっと膨らませてください。

あなたは自分にも何かを成しうる能力があると意識できるステージにいます。この段階で、以前、考えていたより大きなことを考えてもらいます。価値あることに挑んでもらいたいからです。

もし失敗しないとしたら、あなたは何を実行するか、想像してください。恐怖心がなければ、何をするでしょう？　なんでもできるとしたら、何をしますか？　何を手に入れようとしますか？

これから説明する瞑想《めいそう》用に、何か大きくて、大胆な目標を選んでください。今、何を達成したいか想像してください。今こそ、その目標に向かって前進しましょう。

どうすれば実現できるか、知る必要はありません。最終結果をすぐ思い描いてください。あなたはすでに目標を成し遂げているのです。実現しているのです。目標は引き寄せられたのです。今、この状況はすでにあなたの経験のひとつになっているのです。

どういう気分ですか？　体のなかにどのような感情が湧いていますか？　興奮でうずうずしていませんか？　息遣いが速くなっているのは、興奮しているせいですか？　微笑みを浮かべていますか？　誰にこの成功を伝えていますか？　あなたの全身にどのような感情が走っていますか？　肌で感じていることは？　手を伸ばし、触れられたら、どのように感じますか？　最終結果に触れていますか？　それで、どうなりましたか？　実感していますか？　認められますか？　受け入れられますか？

少しの間、爽快な気分を味わってください。あなたは他人が不可能だと言ったことを成し遂げました。大きなことを成し遂げました。価値あることを実現したのです。

最終結果の場面に自分を登場させてください。あなたはすでに目標を成し遂げています。誰かにこのことを伝えたくてたまりません。気分は上々です。みんなに話したり、手紙を書いたりしたい気持ちが抑えられません。この大きな目標や意志を達成して、どのような気分になったか、すばらしいエッセイを書いているでしょう。

ほんの少し、このエクササイズを楽しんでください。人生のなかで本当にすばらしいことを実現した、このすばらしい体験を満喫してください。

おめでとう。やりましたね。

# Chapter 4

# 第三のレッスン「ゆだねる」

「ごめんなさい。許してください。ありがとう。愛しています」

このフレーズの言葉をどの順序で言うかは重要なことではありません。大切なのはこの四つの言葉を唱えることです。自分の直感に従って、自分がもっともいいと感じる順番で、心のなかで唱えてください。感情に従いましょう。最近の「ゼロ・リミッツ・ワークショップ」のイベントで、ヒューレン博士は四つの言葉を、「愛しています」「ありがとう」のふたつに縮めていました。

——ジョー・ヴィターレ

「目覚めのレッスン」の第三ステージにようこそ。この章のテーマは、ゆだねることです。

## 患者たちを完治させたホ・オポノポノの奇跡

人生のそれぞれのステージにおいて目覚めるのに役立つ出来事というのは、たいてい物語のように展開していくものです。

このような物語が、数年前、私にも起こりました。私の友人が信じられない話をもち出したのです。

それは、精神を患った犯罪者が収容されている、精神病院のセラピストの話です。なんとこのセラピストは、ハワイに伝わる治癒テクニックを使い、囚人である患者たち全員を治してしまったというのです。この話でもっとも肝心な点は、彼が患者とはひとりも会っていない、ということです。

初めてこの話を聞いた時、「そんなことは不可能だ」と思いました。

私は魔術、奇跡、遠隔治癒、レイキ・エネルギーについては知識もあります。しかし、友人の話は本当とは思えず、私は無視していたのです。かつて自分に偏見があったことは明らかです。

話を聞いてから一年後、私は同じ話を再び耳にしました。この時、話してくれた友人は、「君はこの話を確かめたことがあるのかい？　精神に病をもった犯罪者を癒やしたセラピストを探そうとしたことはあるの？」と尋ねてきました。

私は、「いいや、まったく信じちゃいなかったからね」と答えました。

すると彼は、「じゃ、インターネットで探してみよう」と言ってきました。その場にあったコンピュータのスイッチをさっそく入れ、検索を開始しました。しかし、少なくとも、その時点では、情報はなかなか見つかりませんでした。私たちは検索を続け、この治療師の名前をやっとのことで見つけました。

その時点ではなにも分かりませんでしたが、数日後、自宅でくつろいで、コンピュータの前に座っていた時、再びこのセラピストと彼の治癒法のことが気になり出しました。

この話は本当のことだろうか？　私は探偵になって、検索を開始しました。好奇心は驚くほど膨らんでいました。私は、「これが本当の話だとするなら、人に伝えなくてはいけない。真実だとするなら、誰もが知らなくてはいけない奇跡や癒やしということになるのだから」と思ったのです。

私は調査し、ついにハワイ州立精神病院で働いている、イハレアカラ・ヒューレン博士というセラピストが存在していることを見つけ出したのです。確かに彼はハワイの癒やしの方法を利用し、勤務して二年足らずで、囚人のほとんどを治癒し、病院から退院させていました。

こうして、彼に関する情報を探すことは熱を帯びていったのです。

「どんな人物で、どこに暮らしているのだろう？」

彼の居場所を突き止めるまで、調査は続きました。どんなに私が興奮していたか、想像してもらえるでしょうか。私は小さな子どものように、はしゃいでいました。「このヒーラー、神秘的なシャーマンをついに見つけられた」と考えただけで、愉快な気分になりました。

電話番号は分かりませんでしたが、Eメールのアドレスは見つかったので、メールを送りました。すると、電話で話しても構わないという返信が届きました。私たちは電話で話すために、メールで時間を決めました。電話の彼はとても善意に満ち、とても寛大で、四十五分も話すことができました。私のようなどこの馬の骨とも分からない人間の質問に、すべて答えてくれたのです。

「精神を患った犯罪者専用の病院で働いているというのは本当ですか?」

「本当です」

「癒やすために、なにか方法を使ったのですか?」

「使いました」

「それで、どうなりましたか? どんな手段、どんな方法で?」

私には尋ねたいことが山ほどありました。

すると、彼は私の頭を混乱させることを言ってきたのです。

「私は自分をクリーンにしているだけです」

「いったいどういうことだろう?」と私は心のなかで思いました。

彼はこう答えてきました。

「病院で働いていますが、患者を専門的に診てはいません。病院にいるにはいますが、調べているのは患者本人ではなく、患者のカルテのほうです」

カルテを見る時、彼の心にはおそらくあらゆる感情が渦巻いていることでしょう。怒りや、挫折感はもちろん、吐き気も催すものだったのは、患者が暴力犯罪を行った人間たちだったからです。殺人や強姦《ごうかん》を犯した、始末におえない患者なのです。

彼はカルテを見て、カルテを読んで感じたことを書き留めます。そして、自分の感じたことを、宙に向かって「神聖なる存在」に運んでいくのです。

この存在は、人によって「神」「生命」「ガイア」とも呼ばれていますが、彼は「神聖なる存在」と呼んでいます。

彼は「自分の感情をこの神聖なる存在に向けながら、『許してください。ごめんなさい。ありがとう。愛しています』と言っている」と話しました。

なんのことやらさっぱり分かりませんでした。

「彼の話は少し奇妙だな。今までの自分の知識では、まったく歯が立たない」

私はさらに質問を続けました。「病院であなたのやっていることをもっと詳しく話してもらえませんか」と。

彼はやはり大変親切で、心の広い人物でした。彼は、病院はおぞましい場所だった、と打ち明けました。患者の大半が拘束衣を着せられ、鎮静剤を飲まされていたのです。彼が病院にいた時、医者は一か月、看護師は一、二週間で辞めていました。転職率が異常に高かったのは、この病院がまさしくこの世の地獄だったからです。職員は、患者に襲われないかと恐れていて、背中を壁につけて病院の廊下を歩いていました。それほど状況はひどかったのです。

自分なりの治癒をやらせてもらえるという条件で、彼は病院に行くことに同意しました。私は「自分なりの治癒とは何ですか？」と質問しました。

彼はなんとかというハワイの癒やしの方法だと答えてきました。もちろん、彼が言ったその治癒方法の名前を、その場で繰り返し言うことはできませんでした。最初は何を言っているのかも分かりませんでしたが、聞けば「セルフ　アイデンティティ　ホ・オポノポノ」と言っていたのです。

なんとか話についていくと、彼は続けて、「現実をつくり出しているのは自分自身だという言葉を耳にしたことがありますね」と言ってきました。

「ええ、もちろん」私はふと心のなかで「それは第二ステージのことだ」とつぶやいていました。

自分で何か成しうる能力があると気づいた瞬間、現実をつくっているのは自分自身であるということが理解できるのです。この意識をもてるようになることが、第二ステージにいる証拠です。

彼はさらに続けました。

「それで、自分で自分の現実をつくっているなら、精神を病んだ患者が自分の経験のなかに現れてくるというのは、やはりこの患者も自分がつくり出したことにならないかね？」

私はここでいったん言葉を切って、深呼吸する必要がありました。

——なんてことだ。それは個人責任とは何かを理解する上で、あまりに飛躍しすぎだ。なぜなら彼は、このような人々が自分の人生に現れるとするなら、彼らをつくり出すのに自分も手を貸した、と言っているのだから。

このことは、今でも、私にとって考えなくてはならない大きな問題です。

彼は続けて、ある意味で、自分が人生のなかでこのような人間をつくり出したことを受け入れている、と言いました。実際に、人物をつくり出しているわけではないが、その人物の経験をつくり出している、というのです。彼はカルテを見て、心に湧き起こってきた怒り、挫折、動揺など、あらゆる感情を自らに受け入れます。

ここが重要なところです。彼は神聖なる存在にこのような感情を伝え、一種の祈りを捧《ささ》げ、嘆願します。

「ごめんなさい。私のなかの何が、このような人々をつくり出したのか分かりませんが、この人物が自分の人生のなかに現れたことを受け入れます。私の過去、そして現在、人生のなかで行ったすべてのことをどうかお許しください。自分が何をしたのか分かりませんが、そのことをどうかお許しください」

彼はさらにこう続けます。

「ありがとうございます。この問題を解決していただいたことに感謝します。これをクリア（浄化）していただいたことに感謝します。この状況すべてを解決していただいたことに感謝します」

そして最後に「愛しています」という言葉で締めくくります。

「ごめんなさい。許してください。ありがとう」が、あなたが口にできるもっとも効果のある三つの言葉です。

「愛しています」という言葉は、自分自身、彼が考えている人物、カルテに向かって言っているのではありません。神聖なる存在、神に向かって話しているのです。そして、この「愛しています」という言葉で、この存在にゆだねる状態に入っていくのです。

## 自分が思うほど自分はコントロールできない

この、ゆだねることが第三ステージのテーマです。

私はイハレアカラ・ヒューレン博士から、自分が思っているほど自分をコントロールできているわけではないことに気づかされました。彼とはその後友人になり、一緒に数多くのワークショップを行ってきました。今では、共同ワークショップを行うまでになりました。私たちは共著で『ハワイの秘法』を出版し、そのなかで彼の精神医療のすべてを説明し、彼がいかにして人々を救ってきたか、説明しました。

とりわけ、このホ・オポノポノのクリア・テクニックを利用し、数か月足らずで、患者のほとんどは拘禁衣を着せられることもなく、鎮静剤の必要もなくなったのです。約半年後には、退院する患者も出てきて、二年も経《た》つ頃にはほとんど全員が退院していきました。

私が生まれてから耳にしたなかで、これはもっとも目覚ましい、驚くべき、奇跡的成果です。『ハワイの秘法』を通して、この話を多くの人に伝えられたことを大変光栄に思っています。

## エゴの意識の声に耳を傾けてはいけない

第三ステージで、あなたはゆだねます。

しかし、なぜゆだねるのでしょう？　どのようにゆだねたらいいのでしょう？　そして、何にゆだねたらいいのでしょう？

私たちのほとんどが、とりわけ犠牲者である第一ステージにおいてエゴに駆り立てられていることを、理解することがきわめて重要です。ヒューレン博士と時を過ごすことで私もこのことを学びました。

第一ステージで、私たちはエゴの意識に完全に支配されています。そのため、私たちは行く先々で、痛み、恐れ、傷ついているのです。

自分に何かを成しうる能力があることを自覚する第二ステージに入っても、エゴは相変わらず顔を出してきます。私たちが何かを手に入れようとする意志の多くが、エゴの延長線上にあるものです。

それはハートから生まれてくるものではありません。神聖な存在から生まれてきたものではないのです。例外はあっても、ほとんどがエゴの抱く欲望です。

第三ステージで学ばなくてはいけないのは、すべてをゆだねることです。ゆだねた時、あなたから犠牲者意識はすっかり消えてしまいます。あなたの能力は格段に高くなり、「神と共同で創造する」状態へと入っていきます。このステージで、実際に魔法と奇跡が起こるのです。

## ゆだねる上で欠かせない「四つのフレーズ」

このステージについてもう少し詳しく説明しましょう。

ヒューレン博士は、四つのフレーズを私に教えてくれました。それが「ごめんなさい。許してください。ありがとう。愛しています」です。教えてもらった後、この言葉は自分の好きな順番で言っても構わないことを学びました。神聖なる存在に黙って言うこと――自分と神聖なる存在がつながれていることを理解して――が、最高の方法であることも知りました。

言葉を変えても構いません。「ごめんなさい」と言うのはどうも気が進まないと訴える人もいます。その場合は、「お詫《わ》びします」と言い換えることもできます。最近、私が学んだ新しいフレーズは「感謝します」です。

あなたはこの言葉を四つのフレーズに添えることもできます。自分に力が湧いてくるなら、この言葉を中に混ぜてもいいでしょう。極端なことを言えば、「愛しています」と言うだけでも構いません。

人生に何が起こっていても、神聖なる存在に「愛しています」と言うだけで、起こっている出来事との関係を変えていけることが分かったからです。「愛しています」は、あなたが口にできるもっとも効果のある言葉であり、マントラです。

人と話していると、「全員がいつも、心のなかで『愛しています』という言葉をささやいていれば、世の中はいったいどうなるでしょう？」とよく質問されます。それはすばらしい状況をつくり出してくれるひとり言で、世の中がこれまでとはかなり異なった振動に変わっていくはずです。

では、実際に今、このひとり言を唱えてみましょう。

運転している時、何かに耳を澄ませている時、一日を始めようとしている時、「愛しています」と胸にささやきましょう。このフレーズを唱えていれば、顔が少しほころんできて、目ももっと輝いていくでしょう。あなたのエネルギーも少し増していきます。人は何を考えているのだろうと思いながら、あなたを見てくるでしょう。「愛している」と心のなかで唱えていることを相手に教える必要はありません。こうしていると、自分の周りもすべて変わっていくはずです。

ヒューレン博士から、エゴでは出来事がなぜ発生したか知る手がかりはつかめないことも学びました。エゴで人生を送ろうとするなら、多くの壁に突き当たってしまうでしょう。事故にも遭遇し、問題も発生してきます。なぜなら、エゴでは世の中のごく小さな部分しか見られないからです。

先に述べた通り、あなたのエゴは実際の宇宙を、覗《のぞ》き穴を通してしか見ていません。もっと大きな視野で見られるのが、宇宙、神聖なる存在、そしてあなたの無意識なのです。

## その意志ははたしてエゴか？　それとも神か？

私は『宇宙スイッチ』のなかで意志について書きました。本書でもすでに説明しました。意志を抱くのはいいことです。しかし、エゴの意志と神の意志には違いがあります。たとえば、私は車が好きだと言いましたし、小型車をコレクションしてもいます。これはいいことです。しかし、「トゥナイト・ショー」の司会者で、カーマニアとして知られるコメディアンのジェイ・レノがうらやむような世界最大の車のコレクションを持ちたいと思っているとするなら、それはエゴに駆られた欲望です。

自分の目標や意志が心に湧きあがってくるようにしさえすればいいのです――たとえば、私は内面からの直感によって、インターネットの競売を調べ、一台の車を自分のもとに引き寄せました。オークションでは、ハードロックバンド、エアロスミスのスティーヴン・タイラーが所有していた一九九八年製パノズ・ロードスターが競売にかけられていました。見た時は競売終了の二時間前でした。私はふと「この車に偶然出合ったのはなぜなのだろう?」と感じざるを得なくなりました。

買うつもりはなかったのです。エゴもこの車を欲しがっていませんでした。自分の目標リストにも載っていませんでした。しかし、私はオークションをじっと眺めていました。心のなかの何かが関心を向けさせているのだ、と感じざるを得ませんでした。

私が出した入札価格も控えめな金額でした。ところが驚いたことに、私が落札したのです。こうして所有した車は、後になって分かったことですが、非常に珍しい、値打ちのある有名なレースカーだったのです。なぜなら、スティーヴン・タイラーのサインが書いてあったからです。タイラーが運転していたというだけなら、価値はこれほど高くはならなかったでしょう。サインがあったからさらに値打ちが上がったのです。

どうしてこのような結果になったのでしょうか?

私はエゴに駆り立てられて、買おうとしたのではありません。私を通して神が働いてくれたとしか考えられません。私はチャンスに気づいた瞬間、頷《うなず》いただけにすぎません。これもゆだねることであり、ヒューレン博士から学んだことのひとつです。博士は、「エゴは実際に何が起こっているか、知る手がかりをもっていない」ということを指摘してくれたのです。

## 「無意識」の貯蔵庫をクリーンな状態に保つ

『ハワイの秘法』のなかで、私はベンジャミン・リベットという科学者が行った実験について説明しました。これは今まであなたが想像したなかでもっとも驚くような実験です。

彼は、なにか実行する決意をした時、意識に上がってくる前に、実際には無意識がその引き金を引いていることを発見しました。

要するに、メモを取るために、今、手を伸ばして鉛筆を取ろうとしているなら、この行動を実行しようとする衝動は、意識のなかではなく、最初は、無意識のなかで起こるのです。その後、表層意識に上ってきて、行動に移されていきます。

ふだん、あなたは自由意志があると感じています。あなたは自分の意志で行動をとっていると感じています。しかし、何度も繰り返されたリベットの実験にもとづくと、実際にはアイデアはもっと心の深い場所から現れてくるのです。その場所が無意識です。

この事実を調べるための方法を紹介しておきましょう。ひと息ついて、自分が何を考えるか、私（またはあなたの近くに座っている誰か）に話すか、または書き留めてみてください。あなたはこの作業を成し遂げることはできません。考えが現れた後でなければ、書き留められないのです。考えとは、予期せずに浮かんでくるものだからです。どんなことを考えたか私に話すことができても、次に何を考えるか予測することはできないのです。なぜなら、思考は無意識から浮かんでくるものだからです。

あなたの無意識は記憶、信念、幻想、経験が蓄えられている巨大な貯蔵庫であり、ヒューレン博士によると、そこには前世の記憶さえ保存されています。彼はこの貯蔵庫のすべてを掃除しなくてはいけない、と主張します。私たちは実際にロボットとほとんど違いはなく、神のものであれ、エゴのものであれ、シンプルに現れてきたあらゆる衝動にもとづいて動いているのです。ヒューレン博士は、この世に生まれてきた目的は、まさしく倉庫をクリーンにすることであると言っています。

すなわち最初に、電話でヒューレン博士と話した運命の日、彼は「ジョー、私が患者と一緒にやったことも、君と電話でしていることも、すべてクリーンにすることが目的なんだ」と言いました。その意味をなんとか解き明かそうとしていると、彼はこう続けました。「頭のなかで、『愛しています。ごめんなさい。許してください。ありがとう。愛しています。ごめんなさい。許してください。ありがとう』そう言っているだけだ」

無意識をクリーンな状態にすることに全力を尽くしているうちに、今まで人生で蓄積してきたあらゆる制限、信念、過去の経験、人生を定めてきたプログラミングは取り除かれます。この言葉が新しい私のひとり言になればなるほど、無意識がクリーンな状態になることを学んだのです。

## 批判的なひとり言の代わりにこれを口にしよう

人が口にしているひとり言のほとんどは、ひどく批判的内容である、と先に述べました。私たちは自分を散々にけなしたり、あれこれ不満ばかり述べています。私の新しいひとり言は、黙ったまま脳のなかで唱えています。

「愛しています。ごめんなさい。許してください。ありがとう」

あなたに話した通り、今も私は心のなかでこの言葉を唱えています。だから、私があなたに話しかけている時、心のなかはいつもクリーンな状態になっています。できるかぎり、あなたに神聖なる存在からのメッセージを伝えるための純粋な道具になろうとしているからです。

この時、多くの干渉があることに気づきます。自分にも個性、信念、限界、過去の経験があることに気づいています。ヒューレン博士やハワイの秘法を利用して、クリアしなくてはいけないことがたくさんあるのです。博士にとって、クリアすることはとりわけ大切なことなのです。

今、私は彼と多くのワークショップを開き、ワークショップの共同主催者になりました。私たちは今でも一緒に仕事をし、成長を続けています。彼と一緒にいたいのは、彼が放つ波動が穏やかだからです。彼は今という瞬間に意識を集中するために最善のことをし、つねにクリアを続けています。だから、その瞬間、神聖なる存在から求められたことはすべて実行できるのです。

## 目の前の問題はあなたが関係しているから起こる

「人生からこのような人物、このようなもの、このような問題をどうすれば取り除くことができるでしょう」と質問してくる人がたくさんいます。

ヒューレン博士は質問者を見ると、次のような趣旨の質問をします。「問題がある時は必ず、自分もその問題にかかわっていることに今まで気づいたことがありますか？」

あなたはかかわりをもっているのです。問題に関与しているのです。そう考えなければ、再び、犠牲者意識に舞い戻ってしまいます。

最初の三つのステージでは、いずれも犠牲者になったりならなかったり、自分の能力に目覚めたり、見失ったり、ゆだねたりゆだねられなかったりする可能性があります。いつも油断せず、自己を見つめ、たえず無意識をクリーンにし、浄化しなくてはいけません。

ヒューレン博士は、最初の質問に次のように答えるでしょう。

「あなたがつねに問題にかかわっていたことに今まで気づいたことはありますか？　あなたが不満を述べている問題がなんであれ、あなたはそこに関係しています。どんな不平にも共通の要素があります。それは、あなた自身がそこにかかわっているということです」

彼は続けてこう言います。

「あなたがこの状況をつくりました。自分自身で現実をつくったと考えるなら、この状況があなたの現実です。現実をつくっているのはあなたです」

もしそうなら、この状況で何をすればいいのでしょう?

博士はこの疑問に次のように答えます。「感情をクリーンにしなさい。不平を取り除き、内面に留めておいてはいけない。人であれ組織であれ、あなたが不平を述べているすべてのことに、もう不平を言うのはやめなさい。問題は神に告げることです」

## 心に浮かんだ「不満」は神聖なる存在に預けなさい

祈ることで、不平は神聖なる存在に預けてしまってください。

「ごめんなさい、私は心のなかになぜこのような不平がつくり出されたのは分かりませんが、それは現に存在しているので、なにかしら自分にかかわりがあることは間違いありません。許してください、私は気づけなかったのです。この不平をつくり出し、この現実をつくるために、自分が何をしたのか分かりません。ありがとう、自分の人生にありがとう。この不平を解決していただいてありがとうございます。私に耳を傾けてくれてありがとうございます。自分が神聖な存在につながり、息をし、生きるという奇跡を与えてくださいましたことに感謝します」

そして最後に「愛しています」という言葉で締めくくります。

心を込めて「愛しています」と言い、神聖な存在が耳を傾けてくれているのを実際に感じられたなら、あなたは陶酔状態になっていくでしょう。この状態に移ると、目に涙があふれてきて、あなたの口から「感謝します」という言葉が出てくるはずです。

あなたがこのような愛の状態に移っていった時、実際に神聖な存在とひとつになれます。神聖な存在を説明する言葉がひとつあるとするなら、それは愛なのです。

## ゆだねることは、責任をとるための最適の方法

私はヒューレン博士の「セルフ　アイデンティティ　ホ・オポノポノ」やゆだねることについて、いつまでも話し続けることができます。

しかし、実際にあなたに理解してもらいたいことはひとつ、人生に何が起きようと、その出来事に責任をとる必要があるということです。それは自分を責めることではありません。そんなことをする必要はないのです。すなわち、「誤りではなくても、責任はある」ということなのです。

誤りではなくても、責任はあります。この責任をとるための最善の方法が、ゆだねることなのです。

問題をゆだねてください。神聖なる存在に問題を打ち明け、「ごめんなさい。許してください。ありがとう。愛しています。ごめんなさい。許してください。ありがとう。愛しています……」と唱えてください。

## ステージが変われば意識が変わり、行動も変わる

私はこの「ゆだねる段階」について話すことが大好きですが、実際にゆだねるとは何か、あなたにもしっかり頭に刻みつけてもらいたいと思います。

第一ステージにいる時、人は助けを求めて祈りたくなりますが、これは基本的に「神様、

私を助けてください」とすがるような思いからくるものです。数多くの手段を使って助けを求めるのは、自分のことを犠牲者だと感じ、世の中に自分が押しつぶされそうになっているからです。この祈る時の意識が、自分が第一ステージにいるかどうかを知るためのひとつの方法です。

あなたは、どのように祈っていますか？　どのように神聖なる存在、神、あなたが最高の存在と思っているものに話しかけていますか？

第二ステージでの、あなたの祈りには「私はなんとか自分でやり遂げることができます」といった少し自意識過剰な態度が含まれるでしょう。

あなたは自分でも何か成しうる能力があるという気持ちになりますが、そこには少しエゴも含まれ、多少のおごりも見受けられます。あなたが神聖なる存在に語りかけるなら、「自分が持っているものに感謝します」と言っているかもしれません。自分のことを犠牲者とはあまり感じていませんが、危険から身を守ってもらおうとして、やはり神聖なる存在に助けを求めています。

第三ステージの祈りは、基本的にゆだねることです。

あなたの祈りは、次のようになります。

「自分ひとりの力では、この問題は解決できません。ひとりでは無理です。でも、あなたに助けていただくことができます」

これは犠牲者意識から祈っているのではありません。この時あなたは、最愛の、偽りのない神聖なる存在とつながっているのです。

いくつかの点で、神が自分のなかや自分以外の万物に宿っていることに気づいていると、祈りは要請や請願の表現になります。「この問題の解決策が分かりません。でも、私はあなたに助けていただくことができます」と言います。

この祈りのなかに投げやりな気持ちはまったくありません。助けを求めるための、単純で、誠実な要請です。また、この第三ステージでの祈りには、自分でなんとかしなければならないという切羽詰まった気持ちも消えています。これが、ゆだねることのまさに本質です。あなたは自分がコントロールしようという気持ちを捨て去っているのです。

## コントロールしようとする欲求を捨ててしまう

ここで、なぜコントロールを捨てなくてはいけないのか、確かめておきましょう。

それは、自分であらゆることをコントロールすることはできないからです。宇宙をコントロールしたり、人生のすべてのことをコントロールしたりすることはできないのです。あなたはすでに自分が人生を思い通りに操れないことは分かっています。自分に正直なら、そんなことは無理だということが理解できます。このような願望は諦め、ゆだねなくてはならないのです。しかし、相変わらずエゴを抱いていては、ゆだねることに疑いが湧いてきてしまいます。

エゴはあなたから離れようとしません。たしかに、エゴは生きていくための有効な道具です。

あなたが一日を乗り切るために役に立っているのです。あなたが壁にぶつからずに、きちんとドアを通れるようにしてくれます。すばらしい人生を送るために、やらなくてはいけないことを実行する手助けもしてくれます。

しかし、エゴだけでなく、ゆだねることで宇宙に助けを求められるようになれば、はるかにすばらしい人生を送れるようになるのです。

問題はなんでも自分でコントロールしようとするのがエゴの欲求だということです。エゴには宇宙の全体を見渡すことができないので、やがて心のなかに大きな不安が生まれてしまうのです。

## 情熱を感じるものには素直に従えばいい

あなたがなにか願望を抱いた時、その願望が心と頭のどちらから生まれてきたのか、注意を払ってください。

スティーヴン・タイラーが所有者だった車を入札した時、これが実際に私が心がけたことです——私の情熱は思いがけないところから生まれてきます。それは単にいいこととか、ワクワクすることとは違います。ましてや、「この車を入札し、後で転売して、お金を儲《もう》けよう」といった頭で考えたことではありません。こんな言葉には、まったく責任、感情、情熱といった要素は存在してはいません。

私は夢中になって車を眺めていました。

「でも、パノズの車はもう持っているし、しかもどこにも不満はない。でも、この車は変わっていて、とても珍しいものだし、しかもエアロスミスのスティーヴン・タイラーが乗っていた車だ」

私の情熱は抑え切れなくなりました。私の情熱、熱意、興奮が本当の鍵であり、本当の手がかりだったのです。宇宙、神聖なる存在が私にこの車を買うように、さりげなく仕向けていたのです。

私はビジネスの世界でも、成功への本当の鍵とは、情熱に従うことであることを学びました。神話学者のジョセフ・キャンベルの言う「自分の至福に従いなさい」という言葉と同じ意味です。

情熱に従い、至福に従ってください。自分が興奮することに素直になりましょう。内面の深いところに流れているエネルギーに従うことで、正しい方向が指し示され、進むべき道が明らかになります。

これはとても重要なことであり、ゆだねる方法でもあるのです。再度言いますが、あなたのエゴは「医者、弁護士、会計士など専門職についたほうが賢明だ」と言っているのかもしれませんが、神聖なる存在は、あなたに芸術家、ミュージシャン、配管工になってもらいたいのかもしれません。多くの選択肢が可能性として存在します。

私は制限を設けたくないし、判断もしたくはありません。判断しはじめた瞬間に、エゴが大手を振るようになるので、判断してはいけません。このことも、すべてゆだねることに含まれるのです。

## 悲劇的な出来事についてもゆだねる努力をする

気持ちが滅入《めい》ることにも対処しましょう。

今、この本を読んでいる人のなかには、ヒューレン博士や私自身のワークショップに参加した人もいるでしょうし、『ハワイの秘法』を読んだ人もいるでしょう。そしておそらく、人生になにか悲劇的なことが起きた人もいるはずです。

私には幼い子どもを失った知り合いがいます。彼女はいったいどこに自分の責任があるのかくまなく調べ、自分を責めていました。

「なぜ死んでしまったのでしょう？　私は祈りました。できることはすべてやりました。ヒューレン博士の『ホ・オポノポノ』も実行し、『愛しています。ごめんなさい。許してください。ありがとう』という言葉を唱えました。私はあの子になんとしても生きていてもらいたかったのに、どうしてこんなことに……？」

ヒューレン博士の指摘に従うなら、おそらく誤ったものに祈っていたのです。

## 「わたしの思いではなく、みこころが成るように」

この第三ステージでは、基本的に「わたしの思いではなく、みこころが成るように」という思いで祈ることが大切なのです。これが、非常に効果があります。

最初にこの考えに偶然出合ったのは、サーカスとマーケティングの天才といわれる十九世紀の興行師、P．T．バーナムに関する『毎分、顧客は生まれている』という本を書いている時のことでした。執筆の調査のため、私は彼が埋葬されているコネチカット州ブリッジポートを訪れました。

バーナムが単なるサーカスの興行師ではなかったことを、忘れてはいけません。彼は作家であり、講演者であり、企業家であり、広告の天才でもありました。政治家としても、二度もコネチカット州ブリッジポートの市長に選ばれています。彼は人々や大義名分にも気をつかっていました。また、現在でも使われている多くのものや、利用されている多くの用語も作っています。あらゆる面で、彼はマーケティングの天才だったのです。

くさむした丘の上に、彼の小さな墓を見つけ、墓石に彼のモットーが書かれているのを見ました。

「わたしの思いではなく、みこころが成るように」

初めてこの文字を見て、激しい衝撃を受けました。なぜなら、私は彼を「自分の周りのすべてを支配する自己中心的人間ではなかったのか？」と思っていたからです。

調査して、本を執筆した時、実際に、バーナムがゆだねることを実践していたのに気づきました。彼は目覚めの第三ステージにいて、すでにゆだねることが必要であることを理解していたのです。

彼がビジネス界で実行したのは、すべて情熱に駆り立てられたことでした。彼は、事がうまく運ばないのは、その瞬間には知ることができないもっと大きな理由があるからだ、ということを知っていました。

彼がとても愛した、ニューヨークシティーのダウンタウンにあるアメリカン・ミュージアムは、二度、火事で全焼してしまいました。十九世紀でも指折りの話題になったイラン風の邸宅も焼けてしまい、妻には先立たれ、子どもも亡くしています。しかし、どの場合も、彼は悲痛な状況を生き延び、受け入れ、折り合いをつけることができました。なぜなら、「わたしの思いではなく、みこころが成るように」という言葉をいつも繰り返し唱えていたからです。

## ただ、そのままの感情を受け入れることが大切

子どもを失った女性に関して、ヒューレン博士は、この死によって神が何を告げようとしたのかは分からない、と言っています。

問題にかかわっている全員にとって、最善のことが何であるかは分かりません。そんな時、やらなくてはいけないことは、「感情をクリーンにする」ことなのです。

今、この瞬間、落ち込み、不安で、寄る辺ない気持ちでいるなら、素直にその感情を受け入れて、神聖なる存在に「ごめんなさい。許してください。ありがとう。愛しています」と唱えることが大切なのです。

神聖なる存在に大きな信頼を抱いていなければ、こうすることはできないことは分かっています。しかし、信じられないと思う時こそ、素直に自分の抱く感情を受け入れ、神に向かって、「ごめんなさい。許してください。ありがとう。愛しています」と唱える必要があるのです。

## どんな場面でも効果を発揮する万能の方法

この手段がどれほど有効で、実用的か知ってもらいたいと思います。これは、あなたが実際に事業を改善したり、業績を向上させたり、財布を膨らませたり、銀行預金を増やしたりできる方法なのです。

たとえば、私は腰をおろしてEメールを書き、メーリングリストに送り、新刊、新製品、サービス、ウェブサイト、セミナーについて告知する時、心のなかで「愛しています。ごめんなさい。許してください。ありがとう」と唱えています。

## 不安やためらいを取り除くことから始まる

今、この文章を書いている間も、私はクリアを行っています。自分の望む成果を手に入れるのを妨害している恐れのある、心にある意識・無意識の障害をすべて浄化しているのです。

私は何かを成し遂げたいという意志を抱いています。Eメールを送り、人に返信してもらいたいと思っていますが、無理やりそんなことはしたくありません。うまくいくように信じるのみです。私は神聖なる存在にコントロールしてもらうことにし、そのために自分の抱いているあらゆる感情をクリアし、メーリングリストに愛を注入し続けます。

結局のところ、私のメーリングは驚くほど効果があるように思えます。私はすばらしい結果を手に入れますが、それは私だけの話ではありません。

『ハワイの秘法』を執筆していた時、友人のビル・ヒブラーがこの技法を検査しようと申し出てきました。私は彼と共著で『出会いで、豊かになる』という本を書いています。ビルは非常に知的で、大変疑い深い性格でした。彼は「愛しています。ごめんなさい。許してください。ありがとう」と言うだけで、結果や収入が改善されるかどうか、確認したかったのです。

彼は実際に検査を実施しました。自分の顧客リストのことだけをじっくり考え、実際には、リストの誰にもメールはしませんでした。そして、リストを見つめながら「愛しています」と唱えたのです。

「ここに座って、じかにリストに語りかけても、それを察知してくれる人間がいるかどうか怪しいものだ」とか、「これが実際に効果があるか分からないし、君の頭がまともかどうかも怪しいものだ。ヒューレン博士もおかしな、変わり者かもしれない」といった考えが浮かんでくるたびに、「私はただリストに『愛しています』と言うことにしよう」と誓ったのです。

彼は心のなかに浮かんでくるひとつひとつの考えをクリアしていきました。すると、ひとりでに「愛しています。ごめんなさい。許してください。ありがとう」と唱えられるようになったのです。

驚いたことに、一切メールをしなかったのにもかかわらず、この月には前月の四十一パーセント以上の売り上げがありました。彼はこの販売数を前年の同月と比較しました。たとえば、十二月に「クリア」したなら、前年の十二月と比べて、同じような販売の急増があったかどうかを調べてみたのです。

そんなことはありませんでした。これらの成果を手に入れるためにやったことといえば、コンピュータの前に座って、神聖なる存在に語りかけ、リストのことを考え、そこに愛を注いだことだけです。心のなかに不安、ためらい、拒絶感を抱いた時に、ただそれらの感情をクリアしたのです。

「愛しています。ごめんなさい。許してください。ありがとう」という言葉を唱えて。

## 言葉を唱え続ければ感情は後からついてくる

この結果には、大変深い意味が含まれています。

私の知り合いに、ホ・オポノポノやヒューレン博士の方法、そして私の著書の大ファンであるカリフォルニア州在住の自動車セールスマンがいます。彼は車を買いに来た人に話をする時、クリアを行っています。「ちょっと見るだけだから、説明も、パンフレットもいらないよ」と言って店に入ってくる人がいると、彼は「ええ、構いませんよ」と返事しながら、心のなかでクリアを行うのです。

私は彼に率直に「会話はしないの？」と尋ねてみました。

彼は「ええ、天気の話くらいはします。車について訊《き》かれたらもちろん答えますが、それ以外は心のなかで『ごめんなさい。愛しています。許してください。ありがとう』とひたすらクリアするための言葉を唱えています」と答えました。

私の知り合いのなかでもひときわ落ち着きのあるこの男性は、この業界で一番の売り上げを上げているのです。彼がやっていたこと――販売記録を達成する秘密兵器――は、出会う人全員に心のなかで「ごめんなさい。愛しています。許してください。ありがとう」と話していることです。

このおかげで、彼のそばにいる人は何かを感じ取ります。店に入ってきて、ただ車を見ている人は、買うつもりもなかったり、買ったとしても一台だけというつもりでいます。ところが店を出ていくときには、二台契約する人もざらにいるのです。

これはまさしく実用的な手段です。この手法はあらゆる面で役に立ち、必ず効果を上げてくれます。おそらくあなたはこの話を聞いて、「まあ、彼には役に立っているし、おそらく君やヒューレン博士にも役立っているのでしょう。しかし、私に役に立つという保証はどこにもありません」と反論しているはずです。

ひと言言っておきましょう。クリアするのは今あなたが抱いたその考えなのです。あなたはその感情を引き受け、目を空に向けながら、こう言ってください。「ごめんなさい、この感情がどこから生まれてくるのか分かりません。私の反対意志や否定性がどこから生まれてくるのか分かりません。どうかそのことを許してください。人生にどのようにしてこの考えが現れてきたのか分かりません。この感情を解消してくれたことに感謝します。私に耳を傾けてくれてありがとうございます。愛しています」

最初、このような言葉を口にする時、あなたは実際に言葉通りの気持ちにはなれないかもしれません。しかし、とりわけ、目覚めの第三ステージに入った後、この言葉を言い続けていれば、もっと心をクリアしたくなり、最高の幸せを味わえるようになるでしょう。

## 本当に求めるものは、今、この瞬間にある

この方法を実行することから生まれてくるすばらしい副産物は、不安を取り除いてくれることです。何かに不安を抱いたなら（就職の面接、届いた請求書、他の人に言い触らされそうなこと）、それが非常に不安や心配であることを素直に受け入れ、その不安を「ホ・オポノポノ」で取り除きます。つまり、「愛しています。ごめんなさい。許してください。ありがとう」と唱えるのです。

大変簡単なように聞こえますが、ホ・オポノポノをすると、不安は取り除かれます。あなたは実際に不安を振り払い、背筋も伸びていきます。呼吸の仕方も少し変わり、顔に微笑《ほほえ》みを浮かべているかもしれません。世の中全体も変わっていきます。マーク・トウェインが言う通り、「不安を抱いていることのほとんどは、絶対に起こらない」のです。

不安を捨て去った時、神聖なる存在につながり、驚くようなすばらしいことが起こりま

す。後でこの点について話すつもりですが、人生で本当に求めるものは、実際にこの瞬間にあるのです。今、この瞬間からあなたの目をそらそうとするあらゆることを捨て去ることで、今が本当の奇跡であることに気づきます。

## あらゆる不安をリストに書き出すクリアの方法

次に、不安を抱いていることをリストにしてください。あなたは、仕事から人間関係、子どもに至るまで、あらゆる不安を抱えているかもしれません。健康問題や、次の住宅や自動車ローンの支払いを不安に思っているかもしれません。環境や政治状況を危惧しているかもしれません。あらゆる種類の不安が現れてきます。

もう、ご承知の通り、不安が現実に現れてきたなら、このような不安をつくり出すのにあなた自身がかかわっているのです。

あらゆる不安を書き込んだ、長いリストを作ってください。紙の上にその不安をどんどんと投げ捨ててしまうのはすばらしいことです。こうすることで、ひとりでに不安は解消され、心も癒やされていきます。

私はあなたに、この、不安の完全なリストを書くように勧めます。ぜひ、作成してください。生まれてくる、心をかき乱す不安をすべて書いてください。あなたの心に、繰り返し現れてくるすべての不安を紙に記すのです。不安についてあれこれ考えてはいけません。自ら判断したり、批判したりするのは厳禁です。今の時点で、心をかき乱す事柄のリストを作成しさえすればいいのです。

書き終わったら、この項目のひとつをクリアしてください。この作業を繰り返し実行します。ここで私が手を貸すことは何もありませんが、最初にヒントを出しておきましょう。リスト全体を見てください。まだリストを作成していないなら、今、心に浮かんでくる不安でも構いません。おそらく、リストのなかにあなたの足を引っ張っている不安があるはずです。

気になっていること、苛立《いらだ》つこと、不満を述べていることがあっても、人間ならそれは当たり前のことです。そうした感情を抱いていてもまったく構わないのです。その不安を認識し、しばらくその感情を抱いてください。エクササイズのために何か不安を選び、ひと通りクリアを体験してみましょう。

私の指示に従ってください。これからクリアのやり方を指導していきます。ひとつ、またはいくつかの不安の項目でこの練習を行います。

心に浮かんできたことはすべて書き留めてください。今後一か月間に、起こることを念頭に浮かべているかもしれません。おそらく、一日数分間、毎日、一か月間、実行することになるでしょう。ゆだねるステージに目覚めるだけで、人生がいかに進化し、変化するか確かめてください。

リストから選んだ不安の感情を手放さずにいることです。そして、繰り返し「ごめんなさい。許してください。ありがとう。愛しています。ごめんなさい。許してください。ありがとう。愛しています」と心のなかで唱えます。

数分間に、数度、この言葉を繰り返します。心のなかだけで唱えることができます。お好みなら、スピードを上げて唱えても構いません。あなたが神聖なる存在にゆだねる時には、不安な感情をそのまま心に抱いておきましょう。では、その不安を、次の言葉を十五分から二十分の間唱えながら、クリアしていきましょう。

ごめんなさい。許してください。ありがとう。愛しています。
ごめんなさい。許してください。ありがとう。愛しています。
ごめんなさい。許してください。ありがとう。愛しています。
ごめんなさい。許してください。ありがとう。愛しています……

# Chapter 5

# 第四のレッスン
# 「目覚め」

心を静め、神と交わり、自分が所有したいもの、実行したいこと、なりたいものを求めることができる。

――ジョー・ヴィターレ

第四ステージにようこそ。このステージで、あなたは完全に目覚めます。しかし、多くの点で、もっとも説明が難しいのもこのステージなのです。

前のステージでも、あなたは目覚め、新しいステージに入り、さらに進化していきました。これまでの章を読んでいる時、おそらく意識に急激な変化が起こり、古い考えを乗り越えてきたでしょう。しかし、このステージでは、神の恵みによって目覚めるのです。あなたが本当に求めなくてはいけないものは何か、しっかりと理解できるよう説明し、実際にこの状況が訪れるようにするための指針を与えていきたいと思います。

これは「ゆだねること」を超えた技術であり、自分が神聖なる存在であることに目覚めるステージです。

しっかり読んでください。少し聞いただけでは、頭が混乱し、疑問を抱くのは分かっています。このステージに入るためのステップをひとつずつ説明していくことにしましょう。

## あなたという存在は思考や肉体とは別のもの

今、この文章を読んでいる時、あなたは自分が頭に思考を浮かべていることに気づいています。しかし、以前の章で、エクササイズを行い、あなたと思考は別のものであることに気づきました。この考えをさらに進めていきましょう。

あなたには肉体があります。おそらく体調がよく、自分の体を愛しています。しかし、痛いところがあるかもしれませんし、ストレッチ体操をする必要があるかもしれません。しかし、あなたと肉体が別のものであることも、忘れないでください。

あなたは自分の肉体も思考も認識していますが、あなた自身は思考でも、肉体でもありません。あなたは幸せ、悲しみ、怒り、憤り、不安など、さまざまな感情を抱いています。しかし、感情もやはりあなたとは別のものです。

あなたは専用のスーツを身にまとっています。宇宙飛行士のように宇宙服に包まれ、その中にすっぽり入っているのです。眼鏡やバイザーをかけて、世の中を眺めているのです。

あなたが思考でも、肉体でも、感情でもなく、実際には肉体と呼ばれる乗り物に乗っている存在だとするなら、いったいあなたとは何なのでしょう? あなたとは何者なのか? あなたの内面にいる目撃者——思考、肉体、感情を所有しているが、そのすべてから離れている目撃者——を、あえて神と呼ぶことにしましょう。

## この世に生まれてくる時に失った真実の姿

あなたは人間としての修業を積むため、この世に生まれてきた神なのです。あなたはこの真実に気づいていません。

なぜなら、この世に生まれてくる時、自分が神であるという記憶を失うからです。あなたは実際に自分とは誰か知りませんでした。

世の中に犠牲者として生まれ、この本をはじめ、なにかのきっかけで、自分にもなにか成しうる能力があることに目覚め、さらにはゆだねる技術も学んでいきます。しかし、今こそ、目覚めの最終レッスンに用意されているすばらしい知らせに気づかなくてはいけない時が来ました。

このレッスンを受けることで、あなたは人間としての修業を積んできました。そして最後のステージに到達することで、あなたは自分の本来の姿に気づくのです。

「私は神である」と。

この話を聞いても、エゴはあまりうれしくないでしょう。あなたがぴんとこないなら、エゴから切り離されていないという証拠です。本当にこの目覚めのステージにいるなら、あなたの考えはそのまま神の考えとなるのです。あなたの心に浮かんでくる考えは、実際に神から送られてきたメッセージだとはっきりと分かるようになるのです。なぜなら、あなた自身が神にほかならないからです。

## 目覚めを経験すれば「選択」する必要はなくなる

前の章でも紹介したヒューレン博士に、「選択についてはどうお考えですか？　あなたはどのように決断していますか？」と尋ねてみたことがあります。

すると、彼は次のように答えてきました。

「選択の余地があって、下さなくてはいけない決断があり、A計画とB計画の間で心が揺れていたり、これを買おうかあれを買おうか迷っているなら、あなたはクリーンな状態になっていません」

実際に神聖なる存在にゆだねて、目覚めたなら、選択することはなくなる、と彼は指摘しているのです。

あなたはなんの躊躇《ちゅうちょ》もなく、口にすることをすべて実行に移します。なぜなら、それをするように告げてきたものとあなたは一体になっているからです。

そう言われると、なにか現実のことのようには思えず、頭が混乱してしまうかもしれません。しかし、ここで立ち止まらずに、次の言葉をじっくり考えてください。

「私はなぜ思考をもっているのに、思考ではないのか？　どうやって私は思考に気づくのだろう？　私の何が思考に気づくのか？　どうして私はこの肉体をもっているのに、肉体ではないのか？　どうして私は肉体のなかに収まっているのか？　私はスピリットである。ともかく、私はスピリットに気づいている。私はスピリットを感じ、スピリットを身につけている。このような感情を抱いているのに、なぜ感情からも切り離されているのか？」

このような疑問をずっと抱き続け、しがみついていることもできます。しかし、このような疑問を自分から切り離し、あなたは感情でも、肉体でもないことをしっかり理解してもらいたいと思います。あなたはこのすべてと離れています。あなたは感情や肉体の目撃者なのです。

## なにも書き込まれていないホワイトボードの状態

では、いったい目撃者とは何なのでしょう?

私が開催しているワークショップ――「ゼロ・リミッツ・ワークショップ」という、『ハワイの秘法』にもとづくヒューレン博士と共催しているワークショップ――のなかで、私はこの目撃者を「ホワイトボード」と呼んでいます。

ホワイトボードという用語を使う理由は、セミナーを開く時、部屋の前方にかなり大きなホワイトボードを置いておくことが多いからです。私はそこに書いてあることをすべて消してから、指を差し、「これがあなたの本質です」と説明しています。

あなたはなにも書き込まれていないホワイトボードです。ボード上に何かを書いた瞬間、あなたは神から引き離されます。「神は愛である」と言ったなら、あなたは神に判定を下し、レッテルを貼ったことになります。神を愛と呼ぶのは、正しいか間違いか、いいか悪いかの問題ではありません。神を判断し、レッテルを貼った瞬間、あなたは神と引き離されると言っているにすぎません。

あなたは言ってみれば大海の一滴のようなものです。大海から切り離されても、大海と同じものなのです。

あなたという一滴の海水を海にたらせば大海に戻り、溶け込んでいきます。それがあなたとホワイトボードとの関係です。大海から取り出された一滴の海水と同じように、神聖なる存在から離されているのです。

しかし、瞑想《めいそう》し、自分の心のなかを覗《のぞ》き、思考、感情、情動から切り離された瞬間、あなたはホワイトボードと混じり、神とひとつになります。これが目覚めの状態で、ここから「悟り」の道が開かれていきます。

## 悟りとは、神の一部であることに気づくこと

過去の人生を振り返れば、おそらく今の人生や前世で、悟りを得られた瞬間を思い出せるかもしれません。悟りとは、「私は万物とひとつであり、宇宙と一体である」と気づく瞬間のことです。

この瞬間、あなたの自我、エゴは消えていきます。しかし、意識もきちんとあり、自分

の名前も忘れているわけではありません。住所もしっかり分かっています。心のなかには過去の記憶がすべて詰まっています。しかし、もはや記憶に執着していません。これが「私は神聖なる存在とひとつだ」と気づく瞬間です。

悟ったからといって、あなたが地球の支配者になれるわけではありません。「神」でも、「至高の存在」でもないのです。

映画「恋はデジャ・ブ」のなかで、ビル・マーレー演じる主人公はある夜、友人に自分は神だと宣言しました。どういう意味だと問いただされた時、彼は「私は神そのものではなく、神の一部である」と言い換えています。それがありのままのあなたなのです。あなたは神の一部なのです。

自然の中に身を浸している時、プールの中で緊張を解いている時、または車を運転している最中でも、悟りを得られるかもしれません。

どの瞬間でも、悟りを得る可能性があります。これが神の恵みにより悟りが得られるといわれる理由です。しかし、神の恵みではなく、悟りに入る状態を自らつくり出すこともできます。人生をじっくり考える時、とりわけ瞑想をして、深い沈黙の瞬間に至ることができたなら、あなたは悟りの状態に入れるかもしれません。

## 神聖なる存在に変わるための最善の方法

この第四ステージで勧めたいのは、悟りを得るための時間をもっと増やすことです。それには、もっと瞑想をしてください。

瞑想するのがいい理由を解明した科学的研究が数多くあります。体を癒やす以外にも、ストレスを軽減し、右脳と左脳のバランスをとり、創造力を増し、もっと深い意識状態をつくってくれます。

しかし、私が瞑想で一番興味を抱いているのは、あなたを神聖なる存在に戻してくれることです。瞑想が、あなたを実際に神聖なる存在に変える手段なのです。

詳しく説明すれば、きっと理解してもらえるでしょう。あなたは思考をもっていることに気づいていますが、あなたは思考ではありません。あなたは肉体をもっていますが肉体ではなく、感情があっても感情ではありません。

だから、思考、肉体、感情を離れた何かがあることにあなたは気づきます。しかし、頭では理解できても、どうすればその何かと融合できるでしょう? 自分の自己中心的な意識を捨てて、神とひとつになり、ヒューレン博士が言う「選択肢をもたずに」人生を送れるようにするにはどうすればいいのでしょう？

神聖なる存在は、ヒューレン博士の言葉と同じように行動します。すなわち、迷うことなく思ったことを実行できるようになるのです。この状態に達するための、私が知っている最善の方法は、毎日、瞑想する時間をきちんとつくることです。瞑想は、朝でも、午後でも、晩でも、いつ行っても構いません。

## 毎日、歯を磨くのと同じように瞑想を行う

できることなら、生活全体を「歩く瞑想」だと考えてください。そうするほうが、はるかに効果が現れてきます。

ただ、そうするのが難しいのも確かです。なぜなら、車の運転中、出勤中、人に会う時、仕事中、郵便局で順番を待っている間も、「私は自分の肉体ではない。私は思考ではない。私は感情ではない」と常に気づいているようにしなければならないからです。できるかぎり、あなたは肉体、思考、感情を突き放して見ています。こうすることで、生活のあらゆ

る経験が瞑想になります。

一日二十四時間、「瞑想」の時間にするのが理想です。すなわち、眠っている時も含めて一日中ということです。

それは無理だというなら、少なくとも毎日、瞑想してください。十分でも、二十分でも、数分でもいいですから瞑想の時間をつくってください。

多くの人が、一日に二度、午前中と晩に二十分ずつ瞑想しています。無理のない範囲で実行しましょう。

この目覚めの第四ステージでは、瞑想が大変重要であることを理解する必要があります。このステージでは瞑想が不可欠です。毎日、歯を磨くのと同じように、習慣にしてください。瞑想は、毎日、欠かさずにやることが重要なのです。

トンネルの終わりにみえる目標、そこから手に入る報酬を考えてください。実際に神とひとつになり、不安、心配、思い込み、洗脳を心から浄化し、神聖なる存在が求めている生き方を実践するのです。

一瞬一瞬に、言葉では言い表せない、想像もしなかった奇跡が起こります。そんなすばらしい人生を送ってみませんか。

## 自分の思考が働いている間は瞑想ではない

瞑想にはいろいろな種類がありますが、今、そのなかのひとつを利用してあなたを導いていきたいと思います。その前にまず、毎日、瞑想することを誓ってください。瞑想は自分の息を意識するのと同じくらい、簡単にできることです。

「瞑想はあなたが考えていることではない」私はこの言葉が大好きです。というのは、あなたが瞑想だと考えているものはすべて、間違っているからです。考えているとするなら、あなたは瞑想していないということなのです。瞑想とはあなたが考えることではありません。思考の背後に赴くことが瞑想なのです。

あなたにやってもらうのは目を閉じることだけです。目を閉じて、自分の息を意識してください。鼻から吸って、口から吐いている息に集中してくれさえすればいいのです。

思考が頭に浮かんだ時には、空を漂う雲だと思ってください。「次はどんな考えが浮かんでくるのか」と興味をひかれるでしょうが、これはまだ思考というゲームを楽しんでいる段階です。この状況を乗り越えていくのです。

もっと正確に言えば、思考の背後に向かってもらいたいのです。なぜなら、そこにホワイトボード、大海、神が存在しているからです。あなたの本質がそこにあるのです。

瞑想する時、できるだけ、この思考の背後にいる神聖なる存在に気づき、ひとつになってください。この存在はあなたの魂の中心にあります。この存在は、私の言葉や、あなたが考え、息をしていることに気づいています。いえ、あなたの周囲に起こっているあらゆる状況に気づいているのです。この真実に気づき、できるかぎり一体となってください。

こうして、目覚めるための空間がつくられるのです。

## 日常のなかで目覚めるための三つの習慣

### 瞑想

現段階で、私が知っている目覚めの方法は三つあります。そのひとつが、今まで説明してきた瞑想です。

再度言いますが、瞑想するのはそんなに大変なことではありません。瞑想に乗り気でなくても、心配はいりません。私は、あなたが実際に「日常のなかの神秘家」になれる、と信じています。

すなわち、仕事をし、生活や人間関係など、日常のあらゆることを営みながら、できるかぎり目覚めの状態にあることです。

目覚めとは何でしょう？

感情は湧いてくるものですが、あなたは感情が湧いてきたことに気づくことができます。すなわち、あなたは感情とは離れたものなのです。

あなたはある考えを抱いている時、好奇心を抱いてその思考を眺めていますが、それが思考であることに気づいています。思考はあなたではありません。たとえば、体にちょっとした痛みがあり、「膝が痛い」のに気づいたとしても、あなたは膝ではなく、痛みとも別の次元に存在しているのです。

このような瞑想をしながら、一日を送ることができます。岩の上に座ったり、離れの部屋に行ったり、ロウソクをともす必要もありません。確かに、このような環境で瞑想するのはすばらしいことですし、やりたいと思うならやってみるといいでしょう。しかし、あなたが多忙なら、生活はそのままでも、瞑想する時間を見つけることができます。日常生活のなかで瞑想し、目覚めることをお勧めします。

実際に、忙しすぎて瞑想できないと感じていたり、ずっと沈黙しているのはいやだというなら、ちょっとした手段で瞑想することができます。

あなたが気晴らしをしようとしているなら――黙って座っているより、テレビを見たり、本を読んだり、電話をかけたりしたいと思っているなら――それはエゴからの要求です。このような気晴らしを書き留めておいてください。

だからといって、自分を責めたりすることはありません。自分を愛してください。あらゆる状況であなたは最善を尽くしているのです。自分の中心に赴き、心を落ち着かせて、完全な沈黙の状態に入るのが怖いなら、前章で説明したクリア・テクニックを利用して、恐怖を取り除くことができます。

「愛しています。ごめんなさい。許してください。ありがとう」と唱えるのです。

心を落ち着けることとです。自分にやさしくしてください。

自分につっけんどんになったり、精神的重圧をかけたり、無理やりやろうとしても、うまくはいきません。

前章でお話しした通り、ゆだねることが大変重要です。神聖なる存在にゆだねることが、自分ばかりでなく、関係のあるすべての人にもっとも役に立つ、と信じることです。

座って本格的な瞑想をする気になれないなら、日常生活を瞑想の場にしてください。「私は思考をもっている。感情をもっている。私には体のうずき、痛み、心地よさがある」と静かに気づくだけでいいのです。

あなたがどんな問題を抱えていても、このことに気づいてください。それが目覚めをもたらすための最初の方法です。

## 感謝

ふたつ目の方法は、前にお話ししたことの延長線上にあります。その方法とは、ずばり感謝です。

感謝については前に少し説明しましたが、今、私たちは第四ステージに入っています。すなわち、あなたの内側に宿る神に目覚め、実際に神と交わり、自分が神の表現であることに気づく段階にいるのです。だから、このステージでの感謝は、前とはかなり異なっています。

感謝の経験は、さらにあなたを深く、豊かにしてくれるでしょう。なぜなら、実際に自分が神であり、肉体のなかの霊的存在として、人間としてすばらしい経験をこの世で味わえることに気づけたなら、あなたには感謝することが数多く見つかるからです。

感謝の気持ちを表現するために、なにか楽しいことをしてください。歌や詩を書いたり、きれいな写真のコラージュを作るのもいいでしょう。このような活動をすることで、感謝の気持ちが心のなかでふつふつと沸いてくるかもしれません。講演したり、劇を書いたり、写真を撮ったり、ダンスをすることでも構いません。なんであれ、感謝を具体的な形で表現することです。

私が感謝の気持ちを抱くために毎日やっているのが、テキサス州の夜空の下でお風呂に入ることです。夜空に輝く満天の星を眺めながら、私は「愛しています。ごめんなさい。許してください。ありがとう」と唱えています。星を眺めていると、自然にこの言葉が出てくるのです。

私は感謝するあらゆることを味わっています。私はこのような感情を心のなかで味わっています。

「まずお風呂に感謝します。なんてすばらしい気分だ。そして、星、空、私の人生、人生の変化――ホームレスから、今の私になれたこと――に感謝します。私は成長を続け、徐々に意識を高め、神が私の人生に訪れてくださり、私を通してご自身を表現していただけることをありがたく思っています」

私は感謝の念にどっぷりとつかり、本当に涙を流してしまいます。そして、お風呂の中で涙をこぼしながら、こう考えているのです。

「なんて信じられない人生だ――家もなく、不幸せで、気を滅入《めい》らせ、自滅的で、アルコールに溺れていたこの無名の人間が、三十年ほど後には、目覚めに関する講義をし、ベストセラーを書き、映画に出演できるまでになれたなんて」

こう考えただけで、感極まってしまいます。お風呂に入ると、このような感謝の気持ちが必ず湧いてくるのです。

感謝はあなたにも利用できます。感謝の気持ちが込み上げてくるようなら、その気持ちを表現したり、人に伝えることを勧めます。それが、感謝の気持ちをずっと心のなかに留めておくすばらしい方法であるばかりでなく、目覚めへと導いてくれる第二の方法になるからです。

神の扉をノックしているつもりで、「中に入れてください」「私は感謝しています」と言ってみましょう。

感謝にはこれほど絶大な効果があります。

気分がよくなるばかりでなく、神の本質とひとつになれるのです。感謝を抱き、具体的にその気持ちを表現するというこの方法は、好きなときにいつでも、自由に実行できる有効な手段です。
あなたも実行してください。さっそく、今日から。

## 今、この瞬間にある幸せ

目覚めの瞬間が訪れるようにするための第三の方法は、とても重要です。簡単に説明すると、今、この瞬間、幸せになる、ということです。

多くの講演で、自分の願望——新しい家、人間関係、健康の改善、富の増加、新しい仕事（あなたが追い求めているものならなんでも）——は、多くの点で幻想である、と人々に話してきました。

これらの願望はあなたを樹上に追いつめます。願望が訪れた瞬間から少し経《た》ってしまうと、この幻想がめまぐるしく行き交い、あなたは成功の瞬間を見下ろしながら、次のように考えるようになります。

「次の瞬間がきて、車（家、仕事、人間関係などどんな願望も）が手に入れば、幸せになれるだろう」

これはひどいジョークであり、まったくの皮肉です。自分を欺く行為なのです。実際、誰もが自分を欺いています。

私とて例外ではありません。以前のすべてのステージで、自分を欺いてきたのですから。一番望んでいるものを手に入れることができれば、永遠に幸せになる、と思い込んでいたのです。……しかし、実際には幸せにはなれませんでした。

健康、富、車（実現したいものはなんでも）を引き寄せた瞬間は、一瞬、背筋がぞくぞくするほど興奮します。あなたのエゴは満足し、おそらくあなたを使って活動している神も、「よくやった」という印に軽くウィンクを送ってくれるでしょう。

しかし、直後に次のように考えている自分がいます。

「これはすばらしい車だけど、向こうにある車のほうがずっといいな。新しいし、スピードも出そうだし、色も自分の好みだ」

「いい家は持てたけど、この向こうにもっとすばらしい、大きな豪邸がある」

「今、大金を手に入れたけど、道路を下ったところに住んでいる人物は、自分よりもっとお金持ちだ」

健康に恵まれているのに、「私はスーパーマンじゃない。もっと体力があればな」と考えてしまうのと同じです。再び、あなたは今という瞬間から離れてしまいます。再度、夢を追いかけはじめ、今という一瞬から逃げ出してしまうのです。

あなたが求めているのは、今、幸せになることです。そして今この瞬間、幸せになろうと思えばなれるのです。幸せを何かと結びつけて考えている時、今という瞬間からあなたはすり抜けてしまいます。神聖なる存在は、今この瞬間に存在しているのです。あなたのパワーはこの一瞬に存在し、幸福もこの瞬間にあるのです。

私が言っているのは、過ぎ去ったばかりの一瞬でも、すぐに訪れる一瞬でもなく、「まさに今、この瞬間」のことです。この瞬間はすべて、幸せになろうとすれば、幸せになれます。

だからといって、新車、新築の家、新しい人間関係、健康改善、富の増加など、あなたが求めているものは手に入れられない、ということではありません。なんの行動もしないということでもありません。この瞬間、この幸福な一瞬に意識を集中することで、神聖なる存在はあなたに適切な方向を指し示してくれるのです。

車、家、人間関係、健康、富など、なんであれ、あなたがこの瞬間にいて、本当に周囲を見て、「うわー、なんてすばらしいんだ」と口にできるなら、あなたは感謝を表現していることになるのです。

今、この瞬間、周囲を見回して、あなたは次のように考えます。

「すばらしい。この瞬間は実に素敵だ。不安を抱いていても浄化できる。不安を捨て、この瞬間に存在していれば不安の背後に何があるのか見ることだってできる。不安も思考にすぎないのだ」

この瞬間にいる時、すべてがうまくいくのです。

今という瞬間にいるかどうか確かめるひとつの方法は、人と話している時、自分が心のなかで話していることに関心を払うことです。いかんせん、ほとんどの人は関心を払わず、耳を傾けたりすることはありません。自分の心のなかでやっていることといえば、相手に対する反論の準備か、さもなければなにも聞いていないかです。話したいことや、企てがあるので、この瞬間にはいないのです。

この状況があなたにも当てはまるかどうか確かめるため、心のなかに関心を払ってください。会社のウォータークーラーのところで会話をしていたり、昼食や夕食に行くとき、電話で誰かと話している時、相手の話ではなく、自分が話したいことばかりに関心を払っていないか、確かめてください。

どうして、話している相手に耳を傾け、話し終えたら、自分が代わりに話す番だ、と思わないのですか？

自分が次に何を話したらいいのか、不安を抱いてはいけません。自分が話すことにストレスを感じてはいけません。深呼吸をして、相手が話している時は耳を傾けてください。

こうすることで、はるかに豊かで、実りある会話となり、ずっと耳を傾けていられるようになると思います。

目覚めの状態に入る第三の方法は、深呼吸し、息を吐く時、あらゆることを解き放つことです。周囲を見渡してください。車内にいるなら車のダッシュボードに、椅子に座っているなら椅子に、トレーニングしているなら運動器具に触れてみるのもいいでしょう。触れることで、「これが私の瞬間だ。私は生きている。万事順調だ。すばらしい瞬間だ」ということを思い出す合図となります。

今、この瞬間にいると意識することで、完全に目覚められるわけではありませんが、悟りの瞬間への道を開くことができます。それが今日から、目覚めの第四ステージに自分を導く三つ目の方法です。

## 解脱することで人生はもっと豊かになる

解脱することに不安を抱いていませんか?

「感情、思考、身体から自分が解き放たれたなら、人生は退屈になってしまわないだろうか？」

「人生は味気なくなり、楽しみなどなくなってしまわないだろうか？」

「痛みがなくなれば、ある意味で、人間らしさが失われてしまわないだろうか？」

このような不安はすべて誤解です。あなたはなにも、ロボトミー手術を受けるわけではありません。

あなたが目覚めた瞬間、実際にはもっとも豊かになり、人生を存分に楽しめるようになります。心の底から安らぎが湧いてきて、幸福になるためにもはや外部の環境に頼る必要はなくなります。願望を実現するには、セオリー通りにやらなくてはいけないという考えからも解放されます。

確かに、人生の浮き沈みには味わい深いものがありますが、あなたは、「それらはすべて劇である」という意識を抱いています。それがふつうの状況なので、一喜一憂することはないのです。すべてが劇のひと幕なのです。

あなたにはあなたの演じる役があり、他の人にもその人なりの役があります。全員がなにかしら役を演じているなら、すばらしい交響曲が奏でられていきます。すべての人が自分の人生の使命を果たしているのです。

もう一度言いますが、あなたはロボトミー手術を受けるのではありません。人生を楽しみ、心を開いています。魂、スピリット、精神を、拡大された意識状態に開いているのです。そこでは、今までのどのステージでもまったく想像できなかったくらい、人生の豊かさを楽しめます。ここが、あなたが本来いなくてはならない場所なのです。そこにこそ栄光の座があります。

ようこそ。楽しんでください。この瞬間に浸り、味わってください。この瞬間こそ、偉大で、すばらしい時間なのです。

## 過去がどうであろうと、今この瞬間は大丈夫

この瞬間から離れているのを明らかにする合図についてお話ししましょう。

自分がこの瞬間に意識を集中していると考えている人がいる——またはあなた自身がそう考えている——かもしれませんが、それは自分を欺くことです。

たとえば、車庫にたくさんのものを貯《た》め込んでいる知り合いがいます。彼は過去にしがみつき、車庫にはいらなくなった過去のものをすべて積み上げています。私が知っているもうひとりの人物は、将来、ただで人に譲り渡すつもりの多くのものを貯めていて、やは

り車庫をいっぱいにしています。それを手放す前に、将来を予想し、誰かに手渡す時を待っているのです。

恐れていたり、不安を抱いたりするたびに、あなたは過去の世界に戻されています。そして、過去の出来事を未来に投影しているのです。つまり、今、ここに存在してはいないということです。

先に述べた通り、おそらく「この瞬間にいられたら、すべてが大丈夫だ」と繰り返し自分に言い聞かせる必要があるでしょう。

そうすると、あなたが過去に抱いた考えが思い浮かんできます。あなたが不安になるのは、その思考があるせいです。

しかしその考えは、捨てることも、変えることもできます。

または、その考えを調べて、「この考えは過去に抱いたもので、ずっと昔にあったことが原因になっているんだ。また同じことが起こるだろうと、未来にこの考えを投影しているから、不安を抱いてしまうのだ」と思い直すこともできます。

過去をすべてこのように考え、今この瞬間は大丈夫だということに気づいたなら、自分の力の源に戻ることができます。この源はあなたの体内にあり、その肉体はこの瞬間にあります。

頭が未来や過去に向かってしまい、今という時を抜け出してしまったら、この方法は再び今を見つけ出すのにすばらしい効果を発揮してくれます。

たとえば、夢想していることに気づくのにも有効です。もちろん、夢想するのが悪いと言っているわけではありません。なぜなら、これまでのステージでは夢想が有効な役割を果たしてくれたからです。

でも、今話題にしているのは、第四ステージの目覚めであるということを忘れないでください。

あなたが夢想している時、エゴは、将来あなたを喜ばせるかもしれないことを考えて楽しんでいます。しかし、今という瞬間に戻り、神がこの瞬間と握手するなら、あなたはこれ以外のことは何もしなくてもいい、と気づきます。

今までとは違う経験を喜んで迎え、楽しむこともあなたにはできるでしょう。しかし、この瞬間に留まっていられるなら、夢想することでかえってあなたは自分にできることの限界を設けてしまっていることが分かるはずです。神が実際に存在している今という瞬間に留まっていれば、あなたがかつて夢想していた以上の奇跡を、神自身が実現してくれるのです。

## 夢想は目覚めという自転車の補助輪のようなもの

「ザ・シークレット」を見たり、この目覚めの過程の以前のステージについて考えたりすると、多少、頭が混乱してしまうかもしれません。

なぜなら「夢想してはいけない」と言っているのに、引き寄せの法則や目標のネヴィル化（視覚化）、「ザ・シークレット」は、すべてあなたの願望、とりわけ最終結果を心に思い描くように言っているのですから。

確かに、視覚化は悟りに至るための最初の段階では有効です。しかし、第四ステージに入った瞬間、もはや視覚化の必要はなくなります。

視覚化は小学校の一年生レベルに相当します。願望を成し遂げるためには、クレヨンや紙が必要かもしれません。しかし、小学校を卒業して、中学校、高校を卒業して、大学に入学するころには、もはやクレヨンはいらなくなるのです。

自転車の乗り方を覚えることにも似ています。幼いころ、自転車の練習を始める時には、補助輪をつけます。この場合は、自転車の乗り方を学んでいるので、補助輪は実際に役に立ちます。しかし、バランスのとり方、ペダルの漕《こ》ぎ方などを知った後は、補助輪は外されます。このステージにも同じことが当てはまります。

第四ステージでは、補助輪は必要なくなるのです。未来の姿を描いて、宇宙に具体的なものを与えてくれるようお願いする必要はないのです。これらは以前のステージで用いられた手段です。

あなたが犠牲者の段階にいるなら、補助輪が必要かもしれません。自分の力に目覚める第二ステージでは、さらに視覚化について学びました。しかし「ゆだねる」ことを身につける第三ステージに進むまでに、補助輪は余計なものになっていきます。あなたは神にゆだねる技術を習得します。

神は自分が想像できる以上のことを知り、あなたが思いもしないほどたくさんのものを与える用意をしているのです。

第四ステージに到達するまでに、前のステージでやったことはなにひとつ必要なくなります。なぜなら、今、あなたは神とひとつになるからです。

願望を実現するために、座り込んで、心を込めて願望を視覚化している神様などどこにいるでしょうか？　あなたは神聖なる存在から生まれてきました。だから、再び神のもとに戻ったあなたには、「ザ・シークレット」、引き寄せの法則、『宇宙スイッチ』などはいらなくなるのです。

今、あなたは以前のステージを超越しているのです。

## 第四ステージに到達するための五つのコツ

### 悟りを味わった瞬間をリストに書き留める

これまでたどってきた、四つのステージを思い出してください。（1）犠牲者意識（2）自覚（3）ゆだねる（4）目覚め――。

第四ステージに到達するまでに、下位のステージに後戻りしてしまうこともあるでしょう。そうならないためにも、またここでひとつリストを作ってもらいます。

それには理由があります。

前に、自分が意識を集中しているものをもっと手に入れられるようになる、と説明したことを思い出してください。今回のリストを作成する際、あなたはおそらく悟りを経験するでしょう。実際、すばらしい瞬間に意識を集中しましょう。それは神を垣間《かいま》見る瞬間でもあるのです。

たとえばそれは、かわいらしい子どもがあなたに微笑《ほほえ》んでいるのを見た瞬間だったかもしれません。自然の中で、動物、樹木、そして一枚の葉が宙を漂っているのを見た時かもしれません。それともスポーツの大会で、奇跡的なプレーが生まれた瞬間でしょうか？

読書している間も、このような状況によく遭遇します。私自身も何度か本を読んでいてハッとさせられる体験をしたことがあります。瞑想する時も同じような瞬間を味わえるはずです。

瞑想にはさまざまな種類がありますが、おそらくこれまでにそこから悟りを得たことがあるでしょう。この本を読んでいる間に、一度、または何度か「アハ体験」（突然ひらめいたり理解した瞬間）をした瞬間があったはずです。

このような瞬間を書き留めて、リストにし、心に刻み込んでください。

ひとつには、それがこのような体験をもっと味わいたいと、自分に語りかけていることになるからです。あなたはこのような経験を増やそうとしています。自分が意識を集中していることが増えていくことを、忘れないでください。

この「アハ体験」や悟り、すばらしい経験に意識を集中すれば、少なくとも一時的に、神聖なる存在とひとつになったことが感じられます。

さっそく、実行に移してみましょう。

## 世界の偉大な師に心のなかで話しかける

あなたが実行できることのふたつ目は、生きているかどうかは別にして、世界の偉大な師に自分の心を開いて、忠告をもらい、目覚めの状態に導いてもらうことです。

たとえば、私が師と言っているのは、イエス、ブッダ、マザー・テレサ、偉大なヒンズー教の神や女神たちのことです。あなたも、こうした師にエネルギーを求めるのです。

声を出しても出さなくても構いませんから、目を閉じて次のように祈ってください。

「お願いします、わが師よ（自分が師とする具体的な名を言ってください）、どうか私を導いてください、私に目覚めるための用意を整え、目覚める方法をお教えください」

師が伝えてくること、師が言っていると感じること、そこから受け取ることのできた刺激、象徴、言葉はすべて書き留めてください。

じっくり考えましょう。意見も添えてください。ただし、喜んで受け入れることが第一です。

これで、目覚めるための準備は万事完了です。

## 感謝の念を抱くあらゆることをリストにする

感謝については、これまでもかなり説明してきました。あなたが感謝しているあらゆることをリストにしてください。感謝を歌、詩、彫刻など、具体的に表現をしたことがあるなら、そのことについて書いても構いません。書くことによって感謝の経験を胸に刻み込みましょう。

## 毎日五分から十分ほど瞑想する時間をつくる

繰り返しになりますが、瞑想についてもう一度思い出してください。毎日、五分から十分でも、瞑想するとすばらしい効果が上がります。

すでに述べたように、日常生活を送りながら瞑想する際、あなたは自分の思考、感情、肉体に気づけるようになります。瞑想するための具体的な時間――あなたが実行できるなら、五分、十分、十五分など一定の時間――も、見つけることができます。

## 起こった出来事と、その時感じたことを記録する

自分に起こった出来事を記録してください。それはどのような気分ですか？　ストレスが軽減するのが感じられますか？　もっと幸せな気分になりますか？　創造力が増えましたか？　もっと悟りの瞬間、悟りが垣間見える瞬間が増えていくように思えますか？

自分の書いたことを、目覚めるためのお膳立てとして利用してください。

# Chapter 6

## インタビュー「目覚めたミリオネア」

自分の考えていることに気づき、注意深く自分の考えを選び、その考えを楽しまなくてはいけません。なぜなら、あなた自身が自らの人生でつくり上げた傑作だからです。あなたは自らの人生を製作しているミケランジェロであり、彫刻されたダヴィデ像でもあるのです。そして、彫刻する道具が、あなたの思考なのです。

――ジョー・ヴィターレ

## ジョー・ヴィターレ博士の紹介

**ピーター**　こんにちは。私は元ヒプノティック・マーケティング社のマーケティング部長、ピーター・ウィンクです。「目覚めたミリオネア」というテーマの特別インタビューによ
うこそおいでくださいました。

ここで特別ゲストを紹介したいと思います。

彼は『ザ・キー』（邦訳、イースト・プレス）『宇宙スイッチ』『ハワイの秘法』『毎分、

顧客は生まれている』『催眠筆記』『購買トランス』『人生の失われた教育マニュアル』、そして最新刊『直感によるマーケティング』など、数多くのベストセラーを手がけている著者です。

他にも、「失われた秘密」「法外なマーケティングの力」そして新刊であり、プログラムである「目覚めのレッスン」をはじめ、オーディオブック、DVDプログラムもいくつか出しています。「ラリー・キング・ライブ」でも二度インタビューを受け、ドニー・ドイチュの「ザ・ビッグ・アイデア」にも出演し、有名な映画「ザ・シークレット」「ザ・オプス」「ザ・リープ」「あらゆることに挑戦せよ」にも出演しています。さらにはインターネットでも指折りの人気ウェブサイト、www.mrfire.com の主催者でもあります。

説明はこれくらいにして、さっそくベストセラー作家で、友人と呼べることを誇りに思っている男性を紹介いたしましょう。ジョー・ヴィターレ博士です。ようこそいらっしゃいました。

**ジョー** こんにちはピーター。調子はどう？

**ピーター** 絶好調です。あなたのほうは？

**ジョー** 僕も元気だ。じゃあ、始めようか。

## 「目覚めたミリオネア」とは何か？

**ピーター**　「目覚めたミリオネア」が今回のテーマですね。それではまず、目覚めたミリオネアとは何か、説明してもらえませんか？

**ジョー**　ひと言で言うと、お金の心配がないことだね。もっと詳しく言えば、自分自身とも、お金ともうまくやっていて、人生、地域社会、世の中にプラスになることをやることだ。実際、穏やかで、安らかで――お金に苦労せず、問題がない状態のことだ。

**ピーター**　ところで、『内面の冒険』という画期的な本を書きましたね。あなたにもっと宣伝してもらえたらと思っています。おそらく、私はこの本を前もって隅から隅まで読むチャンスを与えられた数少ない人間のひとりだと思いますが。この本では、人生でもっとも信じられない旅のひとつとしか説明しようのないテーマを話題にしています。

ところで、あなたの経歴について教えてもらえますか。ホームレスから、経済的に何不自由のないベストセラー作家になった方法を。

## ホームレスから「目覚めたミリオネア」へ

**ジョー**　ピーター、このインタビューの時間はどれくらいあるんだ？　これはとびきりの話だからね。まあ、手短に話そう。

僕はオハイオ州で生まれて、育った。鉄道で働いていたけど、失業し、オハイオ州を出て、テキサス州のダラスに移った。

ところが、そこで運命の転換があったんだ。ここで失業し、しばらくホームレス生活をしていた。このことをずっと秘密にしていたのは、言いにくいし、心の傷にもなっていたからね。

ヒューストンに移ってからも約十年間は、ひどい貧乏暮らしで、そこから抜け出すために多くのことをしなくちゃならなかった。すなわち、多くの思い込みをクリア（浄化）したり、自尊心の問題と向き合わなければいけなかったからね。僕はずっと作家になりたかったんだ。作家になることしか頭になかったね。

一九七九年、劇をプロデュースした。まあ、ほとんどの人は知らないだろうけど。「ロバート・ビヴィンス」紙でインタビューもされたし、ヒューストン大学で賞も授与されたけど、お金にはならず、すぐに路上生活に戻ってしまった。

## 成功はひと晩では訪れない

**ジョー**　ひどく失望したよ。自己啓発の本を読んだり、自分を見つめたりするなかで、やっと方向が見えてきた——図書館には本当に感謝している。『信念の魔術』『思考は現実化する』のような本を読むことができたからね。

でも、ひと晩で状況がすっかり変わるというわけにはいかない。それには約三十年かかった。一九八四年に最初の本を出版してもらえたけど、その出版社が本の売り方を知らないことに気づいた。

だから、自分でマーケティング、コピー、宣伝、広告を学ばなくてはいけなかった。自分で自分を売り込む必要があったんだ。マーケッターとして、僕の最初の依頼者だったのが僕自身だった、というわけさ。

最初の本は地味だけど、かなりうまくいった。クライアントもでき、ヒューストンでは名前も知られるようになった。それでうまくやっていたんだけど、インターネットが登場したから、ヒューストンでやっていたことを、インターネットでもやりはじめた。おかげでクライアントはずっと増えたね。

大きな転換が起こったのは、電子書籍が出回りはじめたころだ。最初の電子書籍の出版で力を貸してくれた、マーク・ジョイナーという人物に僕は全幅の信頼を置いた。電子書籍がお金になることに気づき、オンラインでかなり儲《もう》けられるようになり、あっという間に著書は十七冊になった。

そうするうちに、自分がスピリチュアル・マーケッターで——マーケティングだけでなく、生き方についても——いつもどんな完璧な方法を利用しているかについて人にも話すようになったんだ。

## 飛躍の陰には長年の努力が隠れている

**ジョー**　でも、それが不安でね。人から馬鹿にされないかと思って。『スピリチュアル・マーケティング』という本を出したけど、それは自分が隠していたことをあからさまにしてしまうことになるからね。

その本は「目覚めたミリオネア」というタイトルでもよかった。なぜなら、ビジネスにスピリチュアリティの原理を利用しているからね。ビジネス界でもスピリチュアリティの需要があることが分かったんだ。この本が後に『宇宙スイッチ』となり、アマゾンでベストセラーになり、映画「ザ・シークレット」に出演するきっかけをつくってくれた。「ザ・シークレット」以来、「ザ・オプス」「あらゆることに挑戦せよ」「ザ・リープ」などの映画に出演したり、テレビ番組に出たり、本の出版点数も多くなった。……少し説明が長くなってしまったね。

まあ、簡単な答えもあるよ。どのようにホームレスから億万長者になれたのか、みんなからよく質問されるからね。

どうやって無名の人物から、世界的な有名人になれたのか？　取るに足りない人間から映画や全国放送のテレビに出演することになったのか？

そんな質問には簡単に、粘り強く夢を追うことだ、と答えることにしている。

**ピーター**　興味深い答えですね。ひと晩で成功するのに、実は三十年の雌伏の期間があったという訳ですね。

**ジョー**　いろいろな伝記を調べ、「ひと晩で成功」したという人物を何人か見つけたけど、じっくり分析してみれば、そう見えても、実はそこに至るまでに二十年以上かかっていることが多いものなんだ。僕は物覚えがかなり悪いから、もう少し時間がかかってしまったけどね。

**ピーター**　目覚めはどこで訪れたのですか？

## 犠牲者の意識からいかにして抜け出すか？

**ジョー**　いい質問だね。人生を送りながら少しずつ目覚めてきたよ。だから人生には通過しなくてはいけないさまざまなステージがあることを理解してもらうために「目覚めのレッスン」を作ったんだ。

多くの人がまだ抜け出せず、僕もずっと留まっていたのが犠牲者のステージだ。ヒューストンで実質的に十年間貧しい生活を送っていた時、自分を犠牲者のように感じていた。世の中に反抗しようとしていたから、こんな厳しい状況に置かれていたんだね。まるで自分がひとりぼっちのように感じてしまい、傷つきやすくなり、無力感を抱いていた。実際に夢も希望もないように感じていたものさ。

はっきりと断言できるわけではないけど、僕にとっての目覚めが訪れたのは、『信念の魔術』『思考は現実化する』などたくさんの自己啓発書や心理学の本を読んでいた時じゃないかと思うんだ。図書館のおかげで、このような書物をただで読むことができた。それで、自分にも何かを成しうる能力があるという意識に目覚めることができた。実際に、今までより自分の人生をもっとコントロールできることに気づけたんだ。こういった影響を受けて、目覚めへの道を歩みはじめた。

また、コーチングがすばらしい効果があることも信じているよ。僕が「奇跡のコーチング・プログラム」を始めたのも、コーチをもったことが、僕の人生の決定的転換点になったと確信しているからね。僕がどんな思い込みを抱いているか知ることができたのは、コーチのおかげなんだ。自分で自分のことが信じられなくても、自分を信じてくれた人がいたんだ。

実際にコーチングは、どんな職業の人でも受けなくてはいけない肝心要のもので、人生に決定的な転換点を作るための手段だ。僕を変えてくれたのは間違いない。

**ピーター**　あなたのお話をうかがったり、本を読んだり、親たちに自分の人生を決めてしまった責任の一端があるという話をたくさん読んで、私はこんな興味をもったんです。

大人への階段を上っている時、お金についてあなたはどう考えていたのか、そしてその考えがあなたの初期の人生をどのように形づくったのか？　親の影響はありましたか？

**ジョー**　ずっと影響を受けているよ。僕もその事実は人々に伝えている。大人へと成長していく時、両親、社会、学校制度、政府、マスコミ、宗教など、すべてが子どもにある考えを植えつけているんだ。悪気があってやっているわけじゃないけど、子どもはほとんど無意識にプログラムされている。僕だって例外じゃない。

父は四人家族の大黒柱だった。当時は、男が稼ぎ、女が家庭を守るっていうのが当たり前の考えだったからね。父はストレスでへとへとになって家に戻ってきたものさ。請求書をすべて支払うことができないので、カンカンになって怒っていたよ。子どもの時、トイレット・ペーパーがどれくらいなくなっているのか、調べていた時期もあったね。両親がお金が足りない、お金が貯《た》まらない、ということをほのめかしている会話を耳にしたので、僕の頭にもそれが刷り込まれてしまったんだね。

誰もがこんな経験をもっている。君もそうだろう。親たちだって幼いころ欠乏や限界のことを耳にして、それがまさしく自分たちの現実だと感じてしまうんだ。そしてかつての僕や君のような、無垢《むく》な子どもにこの考えを伝えていくんだよ。この考えを墓場までもっていく人間だって少なくない。

幸い、今では本、オーディオ、映画、ＣＤなど、目覚めのきっかけをつくってくれる教材がある。今日の僕の目的もそこにある。僕が、そして大勢の人が、子どものころプログラミングされた、お金などについて抱いているあらゆる限界は乗り越えられる、という事実に目覚めてもらおうとしているんだ。

**ピーター**　『目覚めのレッスン』（本書）の出版前の原稿に目を通し、深い議論に耳を傾けることができたのは幸運でした。実際、今まで耳にしたなかでもとりわけ奥の深いテーマのひとつですね。人はどうして犠牲者意識で行き詰まってしまうのか分かりました。

ところで、犠牲者かどうかをどうすれば区別できるのか、説明してもらえますか？　どうすれば自分が犠牲者だと感じ、それがどのような影響を与えているのですか？

## 自分以外の人を非難していたら「犠牲者」の印

**ジョー**　確かに、それは重要な問題だね。手っ取り早く答えよう。人生で何か悪いことが起こったり、思い通りにいかないと感じたり、挫折してしまったり、事件、問題、借金がある時、君は誰を非難するだろう？

ほとんどの場合、他の人間に責任転嫁するんじゃないかな。犠牲者意識がある時は、自分で責任をとろうとしないものなんだ。行動はとっても、責任をとろうとはしない。

周囲を見渡して、「この問題の責任は近所の人間にある。政府の責任だ。大統領の責任だ。上司の責任だ。家族の責任だ。親の育て方が悪かったせいだ」と言ってないかい。

周囲を見渡して、誰かを指で差しているのと同じだよ。そんなことをしている時、君は犠牲者を演じているんだ。

「連中」（それが誰であっても）が、自分をイライラさせている、自分の幸福を左右している、人生の規則や規範を支配している、政治制度を支配している。こんな気持ちを抱いている時はいつも、犠牲者を演じていると考えていい。「連中が」と言って指を差す時、君が批判し、責任を転嫁する時はいつでも、犠牲者になっているのは間違いない。

実質的に、誰もがこのステージを体験しているとつけ加えておこう。ある時、目覚めを体験して第二、第三、第四ステージに移っていくけど、それでもいつ犠牲者に戻ってしまうか分からないという危険な状況は絶えずある。

人類は集団としても、犠牲者だと感じているようだね。マスコミの情報を見聞きすることで、この意識を深くしてしまうんだ。政府からも犠牲者意識を吹き込まれる。いや、どこにいても犠牲者意識を耳にする。周囲の至るところに犠牲者意識はあふれているんだ。

**ピーター**　間違っていたら改めてください。あなたの話によると、自分以外の人を非難しっていたら、その人は犠牲者になっている、ということになりますね。犠牲者として振る舞っている、と。

**ジョー** 確かに、人を非難している時は、犠牲者になっているんだ。大切なのは責任をとるっていうことだ。どのような問題も自分が悪いわけではないが、責任はあると人に話している。

これは大切なことだから、繰り返し言うよ。実際に、胸にしっかり刻み込んでもらいたいことだからね。悪くはないが、責任はある。

## 責任を負うことが、人生を切り拓く力になる

**ジョー** 何かがうまくいかなかったり、なにかしら問題を抱えている時、今はストレスの多い時期なんだと考えて、自分をそんなにひどく責めてはいけない。罪悪感など抱く必要もない。だけど、その問題に君もなにかしらかかわりがあるんだ。問題に対してなにか手を打たなくてはいけないんだ。

それが「責任をとりなさい」という意味だ。責任をとることで、自分は犠牲者でなくな

る。その時、自力で人生を切り拓《ひら》くパワーが生まれてくる。人生もある程度、自分で操っていけるようにもなり、前に進んでいける。これがやってもらいたいことだよ。

**ピーター**　興味深い話ですね。知り合って十年以上も経《た》ち、あなたの人生の旅につきそってきました。自分ほどあなたの旅のことを知っている人はいないのじゃないかと自負もしています。あなたがサターンを運転し、次にカスタム仕様のＢＭＷに乗り、またその後でエキゾチックなパノズのレースカーに乗っていたのも覚えています。今では、有名な車をいろいろ持っていますね。信じられない話です。

どうやって貧乏だったあなたが、こんなお金持ちになれたのですか？　これはいわゆる発想の転換のなせる技なのですか？

## 意志を定めれば発想は変えることができる

**ジョー**　そうだね。しかし、まずは思い切って信じてみることから始まったんだ。

サターンを買いに行った時のことをまだ覚えているよ。僕はいつ故障するか分からなくて、神経をピリピリさせてしまうポンコツ車を運転していた。その車に乗っていると、犠牲者のような気分になってくる。故障したら、犠牲者意識はもっとひどくなっていたと思うよ。なにしろ、当時は、車の修理代を捻出するのも四苦八苦の状態だったからね。故障しない車が欲しかったんだ。

この願望を抱いたのがよかった。意志を定めることになったからね。僕は意志を定めることに効果があることを確信している。そのことは、映画「ザ・シークレット」に出演するきっかけを作った『宇宙スイッチ』という本に書いてあるよ。

## 少なくともチャレンジしなければ始まらない

**ジョー**　最初は、車が欲しいという意志を定めたんだ。壊れない、安全で、手頃な価格の車が欲しいってね。実際、見た目はどうでもよかった。まあ、いいに越したことはないけど、それが一番の優先順位じゃなかった。

安全性が第一、信頼性が第二で、車を調べはじめた。かなり前に、ヒューストンにいたころの話だよ。ところが自動車の販売店に行ってみたら、いくつか神経質になってしまう理由にぶつかった。

ひとつは、自分も自動車の販売員だった経験があることだった。僕の勤めていた販売店では、客に嘘《うそ》をついて、買うように仕向ける訓練をしていた。これが本当にいやでね。皮肉にも、それで僕は人間の心理について多くのことを学べたのだけど。中古車販売員がどれほどこの方針に忠実に従っているかもたっぷり学習させてもらった。だから、サターンの販売店に行く時、神経がピリピリしていたってわけさ。しかも、クレジットもお金もなかったので、一層神経質になっていた。

最終的に店に行ったのは、僕を励ましてくれるコーチがいたおかげだ。彼は「販売店に行き、欲しい車種を手に入れるべきだ――少なくとも、チャレンジすることだ。行動を起こして、結果がどうなるか確認してごらん」と忠告してくれた。

まず、初めに行ったのは、意志を決めることだった。

## 直感を行動に移したら、後はゆだねよう

**ジョー**　ふたつ目にやったのが、行動をとることだった。自動車の販売店に入ると、きれいな金色のサターンに目が行ったんだ。スポーツカーの性能を備えたサターンのクーペで、

一瞬にして僕はこの車のとりこになってしまった。

知りたかったことがふたつあって、そのひとつがカセットプレイヤーがついているかどうかっていうことだった。当時、僕にとって重要なことだったからね。カセットなんて言うと、僕の年齢がばれてしまうね。

**ピーター**　エイト・トラック（カートリッジ式の磁気テープ再生装置）じゃなかったの？

**ジョー**　違うよ。

**ピーター**　じゃあ、カセットということにしておきましょう。

**ジョー**　エイト・トラックほど昔じゃない、カセットだった。カセットが重要なのは、僕がずっと自分を変えたかったことと関係がある。運転している時はいつもナイチンゲール・コナント社のカセットに耳を傾けていたんだ。いつでも聞けるようにして、自分の精神を成功体質にする必要があったんだ。

その車は僕の望む条件をすべて満たしていた。深呼吸して、自分に車を買う資格があるかどうか確かめるため、用紙に記入した。すると、OKが出た。販売店は頭金を要求してきた。

神経がひどくピリピリして、不安になったね。なにしろ、一ドルも払えない状態だったから。

すると、販売員は「それでは、自動車が他の人に渡ってしまうかもしれませんよ」と言ってきたので、「分かった。それでも構いません。とりあえず、申込用紙は渡しておきます。買うことができるなら、後で電話してください」そう言って、販売店を後にしたんだ。その後、私は友人のところに行って、ギターを弾いていた。その日は、しばらく車のことをすっかり忘れていた。そうしたら夜遅くなって、「車は買えます」という電話を受け取ったんだ。

僕は口ごもりながら「本当に僕に売ってもいいんですか？　申込用紙にジョー・ヴィターレとちゃんと書いてありましたか？」と尋ねると、彼は「ええ」と答えてくれた。僕はこの車を手に入れた。生まれて初めて買った新車だ。「一回目の支払いはできるけど、二回目の支払いをするだけのお金はないな」と、運転しながら考えていたのを覚えている。四年のローンだったと思うけど。まあそういうことにしておこう。

ここで、原理をおさらいしてみよう。まず、車を手に入れる意志を定めること。まだ車が買えるというだけの心構えはなかったけど、自分を信じてくれているコーチのおかげで、僕は意志を固めることができた。彼の励ましに従うことにしたんだ。

次に、行動を起こした。自分が実行しなくてはいけないことはすべてやり、後は天にゆだねた。
ここに僕が教えていることの核心がある。こうして、実際に車を手に入れたんだ。

## 準備が整っていなくても信じればいい

**ジョー**　この話の急所は、毎月届く請求書を見て、「払う余裕はない」と考えていたのに、いつもなんとか支払えたことだ。この場合、君に話した発想の転換は、信じることと大きな関係がある。信じながら行動していると、状況はよくなっていくものなのさ。

数年後、このサターンに飽きたので、新しいサターンと交換した。二台目のサターンはずっと簡単に手に入れることができたよ。なぜなら、ローンが借りられたし、すでにサターンの所有という実績があった。しかも、正しく言うと、サターンの販売員は中古車の販売員とは違っていた。自動車も、販売員も、サービス組織も申し分なかった。

もちろん、その前にはやはり、自分が思い切って行動しなくてはいけなかったんだ。君への答えは、準備不足だと感じる時でも、意志と自信が大いにものを言ってくれるってことだよ。

## 意志の大切さを何度も強調する理由

**ピーター**　大変興味深い話です。あなたはいつも「意志」という言葉を使っていますね。

**ジョー**　ええ。

**ピーター**　この言葉には、大変興味をひかれます。あなたも私も意志とは何か知っていますし、意志についてはいつも話してきました。あなたの本では意志についてすべて説明されています。しかし、今、これを読んでくださっている人には、あなたが話題にしている意志とは何か知る手がかりはありません。意志とは何か、簡単に教えていただけますか？

**ジョー**　僕は意志を大切に思っているし、意志について話すのも大好きなんだ。

「オプラ・ウィンフリー・ショー」を見ていた時のことだけど。この番組はあまり見ていないんだけど、たまたま目に止まったんでね。彼女が「意志こそ地球を動かす原動力だ」と言った瞬間があった。まさにシンクロニシティーの瞬間だった。オプラが好きなのは、彼女が現実をきちんと把握できる人間だからだよ。

意志は自分が求める状況を宣言することだ。目標と多少似ているけど、もっと明確なものだよ。目標や目標の設定も結構だけど、たいていそれはエゴに駆られたものだからね。

この点についてはいやというほど話してきた。意志についてこれほど話すのは、目標設定よりはるかに効果があると思っているからなんだ。

次のような言葉に意志が現れている。

「これから一か月以内で、予定以外の収入を五千ドル受け取るつもりだ」「私のサービスを七人以上の見込み客に売るつもりだ」「これから半年で、三十人以上の顧客を獲得するつもりだ」

お分かりの通り、ここにはエネルギーと集中力が込められている。「私は〜つもりだ」と述べる時には、声に確信が込められている。こんなふうに意志を口にする時、ふたつのことが行われているんだ。

## 肉体と精神を同じ方向に向けることが大事

**ジョー**　ひとつは、肉体と精神を同じ方向に向けること。人は、肉体と精神が別々の方向に向かってしまいがちなんだ。

人間には副人格がある。肉体が実行したいことと、意識が実行したいことは別かもしれない。無意識もやはり他のことをしようとしている。

この状態を説明するなら、図書館に行って、自分が何を読めばいいか手がかりもないまま、書棚の間を歩きまわるようなものなんだ。しかし、図書館に入って、ジョー・ヴィターレの『ザ・キー』を探しているなら、この本がある場所にまっすぐ向かっていける。時間とエネルギーをまったく無駄にしなくてすむだろう。自分の向かう方向がはっきりし、焦点も定まり、自分のやりたいこともはっきりしているから。

意志、意識、無意識、身体組織のすべてがひとつの方向に向かう時、奇跡的な出来事が起こるんだ。目覚めたミリオネアはこの真実を知っている。宇宙にシグナルを送ると、君の意志が実現するように、宇宙は組織を組み直してくれるんだ。

## 内面で感じたことが外部の経験を引き起こす

**ジョー**　突然、知らない人から電話をもらったり、喫茶店や本屋でまったく知らない人と出会ったりすることで、何かを実行するアイデアを手に入れたとしよう。それは事業を始めたり、本を書いたり、セミナーに参加することかもしれない。それがどうなるかは誰も分からなくても、意志は信号を磁力のある宇宙に送る。

引き寄せの法則を知っているかどうかは別にして、基本的なアイデアは、内面で感じていることはすべて、誠実に、外部の経験を引き起こしてくれる、ということなんだ。

意志は大変強い力をもっていて、複数の層で働いている。一時間ごととまでは言わないけど、毎日、意志を抱くように忠告しよう。

たとえば、この文章を読んで、「ここから何を得るつもりか？　目覚めたミリオネアから何を得たいのか？」と言ったとする。その答えを得たいという意志を定めると、驚くなかれ、この質問の答えが現れてくるんだ。精神がレーダーのように敏感になるからね。楽しみにしているといい。意志は、驚くほど強い力を発揮してくれるよ。

## まずはお金に関する思い込みを変えなさい

**ピーター**　では、あなたのベストセラー『宇宙スイッチ』の話に移りましょう。あなたは金銭的に豊かな生活を実現するための、もうひとつの方法を話題にしていますね。お金に関する今の状況を変えたいなら、お金に対する思い込みを変える必要があることをメインテーマにしています。

お金に関する制限された思い込みを自分が抱いているかどうか、どうすれば分かるか説明していただけますか？

**ジョー**　一番簡単な方法は、自分がお金を持っているかどうか、自分に問いかけてみることだ。まあ、ほとんどの人はお金はない、と答えるはずだけどね。

最初に発想の転換が必要なのは、自分にお金があることに気づくこと。ほとんどの人は、実際にある程度のお金を持っているし、移動手段だってあるはずなんだ。家やアパートだってあるだろうから、住めるところもある。着るものもあるし、仕事や収入や失業保険もあるだろう。そのすべてがお金に数えられるものだ。もしそれを否定してしまうなら、原因はおそらく欠乏や制限の意識が原因だと思うよ。

一方、目覚めたミリオネアは豊かさの意識からものを考えている。周囲を見回して、「もっとたくさん欲しいけど、実際に今もたくさんのものを持っている。もっと大きくて、もっと優れていて、スピードの出る車、もっと大きくて、豪華な家、もっと儲かる仕事が欲しいし、もっとたくさんのことを望んでいる」としても、目覚めたミリオネアは「でも今だって自分はきちんとやっている。富もある。自分は大丈夫だ」と気づいていて、そのことに感謝しているんだ。

目覚めたミリオネアは、もっと欲しいものがあるけど、その前に今を楽しむことを忘れない。

## 元旦の誓いが三日しか続かないのはなぜか？

**ピーター**　あなたの著書『ザ・キー』を読ませていただきましたが、クリーニングの考えを説明するのにかなりページを割いていますね。「クリアする」とはどういうことか説明していただけますか？　これも目覚めることに関係があるのですか？

**ジョー**　ええ。この質問に喜んで答えさせてもらうよ。「クリアする」というのはとても重要なテーマだからね。残念ながら、あまり話題には取り上げられていないようだけど。

今、自己啓発書や自己啓発セミナーなど、あらゆる種類の道具や資料が出回っている。でも、自分の内面をクリアしなければ、すべてではないにしても、夢はほとんど実現することはないと言えるだろうね。内面にあるガラクタを処理することで、簡単にできるようになることもあるんだ。これがクリア、浄化することの効果だよ。

クリアするとどういう効果があるか分かりやすく説明するためには、元旦のことを考えてもらうといい。

おそらく誰でも、元旦に新年の誓いを立てたはずだ。ほとんどの人は「明日は、ヘロインを打つのをやめよう」といったことは誓わない。週に三回、ジムに行く、もっとデートをする、別の仕事を探す、自分のために健康で、前向きなことをしたい、といった健全な決意をしているはずだ。

でも、なぜその決意が続かないのか？　一月の三日、あるいは七日にはどうなっているだろう？　もっと言えば、誓った日の翌日、誓った日の午後は？　あっという間にすっかり誓いのことを忘れてしまうのはなぜだろう？

意識のレベルでは、「もっと運動するつもりである」といった非常に前向きな意志を抱いている。ところが、無意識の層では、この意志を妨害する反対意志があるんだ。この体のなかにあるもっと強力な稼働システムが、無意識なんだよ。私が「クリア」しなくてはいけないと言うのも、無意識にある否定的信念や限界を取り除く必要があるということなんだね。

このインタビューではお金のことを中心に話してきた。多くの人が、もっとお金が欲しいと言い、お金に意識を集中している。そのために、目標も設定している。ところがなぜお金は増えてくれないのか？

　それは、無意識に「お金は悪いものだ。お金は邪悪だ。お金は私を貪欲な人間にしてしまう。金持ちは俗物だ。巨額の富を得ている会社は人間を傷つけているだけだ」といった信念（反対意志）を抱いているからなんだよ。

## 思い込みと事実はまったくの別物

**ジョー**　これらの言葉はすべて思い込みなんだ。全部、否定的信念だね。事実ではなく、単なる意見、すなわち思い込みだ。お金を人生に流れてこないようにする、人間の内面で活発に活動している信念だ。
**ピーター**　人間はお金が悪の根源であると考えがちです。いつもそう考えているので、その考えを完全にクリアしなくてはいけない、そういうことですね？
**ジョー**　その通り。お金それ自体に善悪はない。紙幣であり、貨幣だ。でも、お金があれば人生、周りの人々、家族、友人、地域社会、世の中に絶大な貢献ができることが分かっている。それだけお金は強力で、有益な道具なんだ。

僕たちはお金に意味づけをしている。邪悪で、悪いものだと考えるなら、お金は欲しくなくなってしまう。一日中、お金が欲しい、仕事が欲しい、新しい事業を始めたいと言っていることはできるけど、無意識でお金はよくないものと考えていては、お金は結局、逃げていってしまうよ。この考えをクリアしないかぎりね。

**ピーター**　あなたがかつてどのような信念を抱いていたか、例として具体的に挙げてもらえますか？　その思い込みをどのようにしてクリアしましたか？　過去の思い込みをクリアした方法とは何ですか？

**ジョー**　もっと詳しく知りたいのかい？

**ピーター**　ええ、もっと詳細に。

## 犠牲者ほど「不足している」と思い込む

**ジョー**　分かった。喜んでお答えするよ。

まず、ほとんどの人はお金は不足しているから、世の中に十分に行き渡っていないと考えているんだ。それが不足意識であり、犠牲者の考えだ。目覚めたミリオネアは、そんなことは思っちゃいない。彼らは誰にでもお金はたっぷりと用意されていることが分かっているんだよ。

いいかい。お金は豊富にあるんだよ。長い間、僕もみんなと同じように、不足していると考えていた。長い間、使えば使うほど、お金は減ってしまうと考えていたんだ。これは間違いのない真実のように思っていたよ。これが思い込みの本質で、自分がそう思い込んでいることにさえ気づかず、真実のように見えてしまうものだ。

周囲を見回して、「このお金は使ってしまったから、持っていないのは間違いないことです。なくなってしまったということです」こう言われると、おっしゃる通りと思ってしまう。君は行き詰まってしまい、「これが現実であり、世の中っていうものだ」と考えてしまう。これが思い込みというものの正体だ。

この考えはやっと消えてくれた。コーチのおかげで、このような信念についてじっくり調べることができた。僕は思い込みを調べ、疑問を抱くようになった。そして、それが僕の人生、収入、金銭、富に関する、個人的な判断にすぎないと気づけるようになったんだ。

信念は必ずしも事実じゃない。事実のようにみえるのは、思い込んでしまった結果だ。僕はなんの疑いもなく信じていたんだね。他の多くの人も同じだよ。

## 自分に問いかけ続ければ信念は変わる

**ジョー**　人間はまったく疑うことのない思い込みをもっている。その信念が現実として引き寄せられ、人生のなかに現れてくるんだ。

僕はやっと自分の信念に疑問を抱き、「使えば使うほど、本当にお金は減ってしまうのだろうか？」と自分に問いかけてみた。確かに最初のうちは、この考えは間違っていないと答えていたよ。真実に思えたんだ。

次に、質問をもっと深く掘り下げて、「なぜそう信じているのか？」と自問し、「それは、いつもそうだったからだ。今までずっとそれが現実だった」と考えた。使うほど、お金はなくなっていたからね。もうこれ以上、なにも質問することはないと思った瞬間に、僕は「じゃあ、未来も同じだと、信じているのだろうか？」と口にしていた。そこで初めて僕は立ち止まり、過去の信念を必ずしも未来にまで引きずる必要はないことに気づいたんだ。この瞬間に、信念が変わったんだよ。

## すべての望みが叶うならどの選択肢を選ぶか

**ジョー**　思考パターンがここで断ち切られた。その時、僕には選択の余地ができた。その選択肢を見て、「選択の余地があれば、今の信念と別の選択肢のどちらを選びたいだろう」と考えられるようになった。

するとと、自分に力がみなぎってくるのを感じたんだ。もう犠牲者ではなかった。ともかく自分が望んだことが実現できるとするなら、どの選択肢を選ぶだろう？

「そうだ、使えば使うほど、お金を受け取れる、という信念を選ぶことにしよう」と思ったんだよ。

この言葉を書き留めた時、「こいつは気分がいいな」と思い、体調もよくなった。きちんと座り直すと、エネルギーとやる気も湧いてきた。顔は微笑《ほほえ》んで、目も輝いていたんじゃないかな。

**ピーター**　待ってください。「使えば使うほど、お金を受け取れる」と言いましたね。それは、なかなか人に理解してもらえないのではありませんか。

**ジョー**　確かに、使えば、お金は減ると信じているとすれば、理解するのは難しいね。

**ピーター**　それが限られた信念ということですね。

## 思い込みを変えれば現実も変えられる

**ジョー**　その通り。この考え方はすごい力をもっている。目覚めたミリオネアに耳を傾けるべきだね。

百万ドルなど、富やお金の流れを妨害している唯一のものは、信念、つまり思い込みなんだ。でも信念を変えさえすれば、現実も変えられる。お金に関する否定的な信念を変えたなら、お金は引き寄せられるようになる。これは簡単で、効果がある手段だ。

**ピーター**　分かりました。

ここまでお金を引き寄せることについて話してきましたが、ちょっとひねった質問をしてもいいですか？

**ジョー**　どうぞ。

## 「引き寄せの法則」はスタート地点にすぎない

**ピーター**　映画「ザ・シークレット」のなかで、あなたは実際にかなり大胆な発言をしていますね。その発言をここで取り上げておきましょう。間違わないように、書き留めてきました。

「宇宙はスピードが好きである。チャンスがあり、刺激があり、内面から促されているなら、行動に移しなさい。それがあなたの唯一の仕事であり、やらなくてはいけないことだ」

少し時間をかけて、行動をとることがなぜ目覚めたミリオネアになるのに重要なのか、説明していただけますか？

実際に、正確に思い出すなら、あなたは「ラリー・キング・ライブ」に出演した「ザ・シークレット」に登場する唯一の師であり、大胆に「引き寄せの法則はスタート地点にすぎない。やることはもっとある」と言っています。この言葉の意味も正確に教えていただけますか？

**ジョー**　確かに、僕が言ったことだね。まず、引き寄せの法則はスタート地点なんだ。

『ザ・シークレット』や『宇宙スイッチ』のような僕が関わった書籍も、引き寄せの法則の入門編にすぎず、詳しく説明しているわけじゃない。宇宙のなかに飛び出して、実際に宇宙と取り組むことができるってことをきちんと教えていないからね。多くの人が引き寄せの法則を批判する理由がここにあるんだ。

『宇宙スイッチ』や『ザ・シークレット』を学んで、引き寄せの法則に従い、成果を手にする人も大勢いると思う。

でも、心に反対意志があってはいけないんだ。この意志をクリアできた領域でしか、成果は現れてくれないだろう。心のなかに障壁があるなら、引き寄せの法則、『宇宙スイッチ』『ザ・シークレット』を利用しても、うまくいくものじゃない。

実際に、これが引き寄せの法則を理解するための大学院レベルの知識で、習得すれば効果も上がるはずだよ。重力の法則と同じように、確実に効果が出てくる。引き寄せの法則が確実に働いてくれるからね。

引き寄せの法則は普遍的法則だけど、無意識の層で働くものなんだ。君が引き寄せているものは、意識的に言ったり信じたりしていることではなく、無意識で信じていることだ。これが、鍵となる重大な違いだね。

## 願望の実現に欠かせないふたつの役割

**ジョー**　行動をとることについて、君が引用した最初の部分のことだけど、それはとても重要なことなんだ。そもそも行動をとる人間がほとんどいないからね。ただぼーっとして座りながら、視覚化したり、瞑想《めいそう》したり、手を握ってハミングしたりしているだけで、新しい車が現れたり、数百万ドルや豊かさを手に入れることはない。一向に現れる気配すらないだろう。

いつまで待っていても実現しないのは、なにもしていないからだよ。自分の願望を実現し、目覚めたミリオネアになれるかどうかは、宇宙と共同創造者になれるかどうかにかかっているんだ。

自分の役割を果たさなくてはいけない。

この義務を果たしたなら、宇宙や他の人々も自らの役割を果たしてくれる。これがもうひとつの要素だ。

## ひらめいたアイデアは宇宙からの贈り物

**ジョー**　要素は他にもあるよ。私はよく、どうしてそんなにたくさんの仕事ができるのか、という質問を受ける。実際、五十冊以上の本を書いてきたからね。あらゆるジャンルの記事を書き、DVD、オーディオブックも出している。映画にもいくつか出演している。そうしている間も並行してやっているプロジェクトがあり、セミナーも開催し、講演の依頼もたくさん舞い込んでいる。いったいいつ眠る時間があるのか、どうやってこのような膨大な仕事をこなしているるか、と不思議がられるんだ。

そこには大きな秘訣《ひけつ》がある。目覚めたミリオネアならとっくに分かっているはずのことだけどね。

製品、サービス、ビジネスなど、どんなものでも、ひらめいたらそのアイデアは神聖なる存在からの贈り物なんだ。

いうなれば、神からの贈り物、宇宙からの贈り物だ。いずれにしろ、贈り物であるのは間違いない。僕はこの贈り物を丁重に扱うことにしている。でもこの贈り物は僕だけじゃなく、他にも同時に数人の人間にも届けられているかもしれないことには気づいている。宇宙はそういうふうにできているみたいだね。

僕の仕事は、そのひらめきにもとづいて全力で行動することだ。これにはふたつの理由がある。

## アイデアを「書き留める」ほど無駄なことはない

**ジョー**　ひとつ目の理由は、ひらめいた時、元気が出てきて、ワクワクし、夢中になれるからだ。「浮かんできたアイデアはすごいぞ、大変なもんだ」といった言葉も出てくる。体には電気が走る。僕がすぐに行動したくなるのは、このエネルギーを利用すれば、アイデアを実現にもっていけるからだ。即座に行動することが、重要な秘訣なんだ。

ほとんどの人はどうしているだろう？　アイデアをさっと書き留めて、翌週、翌月、さもなくば来年、取りかかろうなんて言いながら、アイデア帳に記しているのさ。まあこれがアイデアに関してやることの九十九・九パーセントで、アイデアにはまったく手をつけないだろうけどね。

実行しようとする時にはもう、アイデアを実現するだけのエネルギーは残されていない。エネルギーは空っぽさ。

エネルギーはアイデアが生まれた時に湧いてくるもの。だから、僕は立ち止まり、すぐに全力で行動に取りかかるんだ。

## ひらめきはその瞬間にライバルにも贈られている

**ジョー**　すぐ行動に移す理由はもうひとつある。神、宇宙、無意識など、それがなんであれ贈り物を与えてもらえたなら、その贈り物は少なくとも他にも五、六人の人に届けられている。

宇宙はこの全員が行動するわけじゃないことを知っているんだよ。宇宙はそのリスクを分散するため、少なくとも、五、六人にアイデアを送り、最初に実行した人間に無条件に百万ドルを与えることにしているのさ。目覚めたミリオネアたちはみな、行動に移さなくてはならないことに気づいている。即座に、実行に移さなくちゃいけないんだ。そうしなければ、成果は人に取られてしまう。

それも悪いことじゃないんだよ。ゲームに乗り遅れても、お金を儲けることはできるからね。でも、伝統的に、マーケティングでは——マーケティングについては少しは知識があるから——市場に出した最初の人間が、一番儲けて、一番名声を得るものなんだ。それが、神と共同で創造したことのなによりの証拠だ。何かを実現するためには、もっと深いレベルの仕組みを理解する必要がある。

## すぐに実行に移さなければ他の人に奪われるだけ

**ピーター**　あの、質問するつもりはなかったのですが、あなたがこのテーマを持ち出したので伺いましょう。

あなたが自宅の裏で製作した、ＤＶＤのプログラムについて話していただけますか？話の細かなところまでは覚えていませんが、あなたがきっときちんと伝えてくれるはずだと思って——その内容はまさに引き寄せの法則、お金儲けにつながります。プログラムでお金儲けする方法を、具体的に説明してもらえますしね。

先ほどのような秘訣について、話している人間は他にいても、実行に移していらっしゃるのはあなたくらいです。正確な記憶によると、そのプログラムもすぐに行動に移し、一日で市場に出したんですよね。そのことについて詳しく教えてください。

**ジョー**　そう、君の記憶力には驚いたね。みんな覚えているんだね？　まず、君の話に誤りはまったくないよ。ＤＶＤのアイデアがひらめき、友人と電話でじっくり話し合い、アイデアを議論し、「撮影しよう」ということになって、彼が家にやってきた。ふたりで自宅の裏庭に行き、「サブリミナル・マニフェステーション」というＤＶＤを作り、その正式タイトルを「引き寄せられた富」にしたという具合さ。

**ピーター**　はじめは、ふとひらめいた考えだったのでしょうか？

**ジョー**　その通り。

**ピーター**　なるほど、分かりました。

**ジョー**　確かに、アイデアはふと浮かんでくるものだ。神の恵みのようにね。インスピレーションでアイデアが生まれたら、「アイデアを出してくれて、ありがとう」と言うことにしている。

**ピーター**　私がこの話を強調する理由は、誰だってひらめくことがあるからなんです。私もおそらく一日に百個くらいのアイデアを浮かべている。でも、なにもしてはいません。

**ジョー**　それじゃ数百万ドルが君から逃げていくわけだ。

**ピーター**　本当にその通りですね！

**ジョー**　アイデアが浮かんで、友人に家に来るように言い、テキサス州のぽかぽか陽気の日に、木の下にスツールを準備した。友人がビデオカメラを回して、撮影してくれたんだ。かかった時間は二時間。アイデアを浮かべてから、彼が家にやってきて、ＤＶＤを撮影し、そのコピーを作り、ウェブサイトを立ち上げるまでの時間は、だいたい二十四時間ってところだ。

撮影している間――そしてこれが君が言っている肝心なところだけれど――、他にも同じアイデアを抱いた人間がいたんだ。彼は僕に電話してきたけど、電話に出られなかった。なにしろ、僕たちはすでに撮影に入っていたからね。だから、その人物の声は留守番電話のなかってわけだ。そのメッセージを再生した時には、すでに製作は終了していた。「引き寄せられた富」のＤＶＤは完成していたんだ。

電話の用件？　催眠術の原理を利用して富を引き寄せる方法さ。僕らと同じＤＶＤを作ろうとしていたんだ。

**ピーター**　文字通り、彼はあなたと同じアイデアを話すために電話してきたけど、あなたがすでに実行にかかっていたというわけですね。

**ジョー**　その通りさ。

**ピーター**　すごい。

**ジョー**　ここからふたつの教訓を汲《く》み取ることができる。まず、アイデアが浮かんだときは、他にも同じことを考えている人間がいるということ。ふたつ目は、ぐずぐずしていると、他の人間に先を越されて、利益を奪われてしまうことだ。この場合、儲けたのは僕と友人のほうだった。

## 「目覚めたミリオネア」はアイデアとともに走る

**ピーター**　本当に驚いてしまいますね。二十四時間以内で、市場に出せる商品を作れるなんて、それ自体すごいことです。しかし、ひらめきがあって、目標に突き進み、実行に移し、すぐに売ろうと決め、お金を稼ぐ。つまり、今まで話していたすべての内容と一致していますね。

**ジョー**　それが僕のやり方なんだ。このごろは、そういうふうにやっている。アイデアが生まれたら、すぐに行動するんだ。ほとんどインターネットを使っているので、二十四時間以内でウェブサイトを立ち上げるのも可能だ。朝、起きると、アイデアが浮かんでいて、そのコピーを書き、ウェブサイトを立ち上げ、晩までに、僕のメーリングリストに「こんにちは、新しいアイデアができました。こちらで、このアイデアを購入できます」というメッセージを送っている。

目覚めたミリオネアは、アイデアを浮かべるとすぐに行動しなくてはいけない、という事実に気づいているのが分かったからね。この事実はほとんどの人が知らない重要な要素であり、知っていても行動に移せない人がほとんどなんだ。目覚めたミリオネアはそのことも承知している。

行動を起こすことだよ。人生に豊かさを引き寄せるために、必ずこれらのことを実行する必要がある。

## 引き寄せの法則だけでは十分とはいえない

**ピーター**　基本的に、引き寄せの法則だけじゃダメで、行動しなくちゃいけないということですね。

ところで、富などの願望は私たちに引き寄せられるものですか、それともすでにそこにあったものなのですか？

私たちは今、心を開き、行動し、エネルギーを注いで、すでにそこにあったものに気づいているだけなんですか？

つまり、私たちは見ているようで見ていなかったものが、視点を変え、信念を変えることではっきりと見えてくる。基本的に、そういうことなんでしょうか？

たとえば、人から「空が青いね」と言われて初めて、今日は天気がいいと気づけるようになる、といった意味ですが。問題は引き寄せたのか、それともすでにあったものに気づいたのか、というのが要点です。

## 百万ドルのチャンスはすぐそこに転がっている

**ジョー**　それは、すばらしい例だね。君はやっとそのことに気づいてくれたんだね。すでにそこにあったもの、というのが正解だよ。周囲を見回してみて、至るところにチャンスの芽をみられるのが、目覚めたミリオネアの証《あかし》といえる。

**ピーター**　ええ、私たちの周りには無数のチャンスがありますね。チャンスはすぐそこに転がっています。チャンスに波長を合わせなくてはいけないのです。

**ジョー**　ああ、実際、じっくり見回してみれば、数十億ドルのお金がそこに埋まっている。けれども、まずはみんなに百万ドルのアイデアにまでたどり着いてもらおうとしている最中だけど。

**ピーター**　ビリオネア（億万長者）とミリオネア（百万長者）についての質問に取りかかろうというわけですね。

**ジョー**　その通りだよ。

## 恐怖と向き合うかどうかがすべての分かれ目

**ピーター**　あなたの魅力のひとつに、多彩な才能のもち主であることが挙げられると思います。マーケティング、スピリチュアリティ、それに自動車についても精通していらっしゃる。すべて異なる分野ですね。

直感が告げてきたことを行動に移すことで、あなたがどのようにマーケティングの天才、ベストセラー作家になったのか、教えていただけますか？　この二つの分野の橋渡しをする方法についてのあなたの話はとりわけびっくりさせられますね。多くの人がジョー・ヴィターレを見て、「彼はマーケティング界の人間だ」と言いますが、「引き寄せの法則のグルだ」と言う人もいます。しかし、あなたがスピリチュアリティに関する本を出版するためには、マーケティングのグルにもならなくてはいけなかった。

もともと、あなたはスピリチュアルな人でしたが、自分のその考えを世に出すために、直感に従って驚くべき行動もとりましたね。

一、二分間くらいで、そのやり方について説明してもらえますか？　販売できなかった最初の本を書いた時、どのようなことを覚えていますか？　どこで変化が起きたのですか？　その時、あなたはまだマーケティング界の人間でしたよね？

**ジョー**　ここで、君が求めていて、なおかつ人々がじっくりと検討できる、もっとも重要な答えを提示するなら、それは恐怖に向き合うことだと思う。僕は恐怖に向き合ったんだ。

求めている富は、自分がやるのを恐れている、ほとんどすべてのものの下に隠されている。このことを伝えておきたい。この点は繰り返し言う必要があるね。本当に驚くべきことで、ここには実に深い意味があるんだ。今、求めている富がいくらであれ、それは君が実行するのを恐れていることの下に隠されている。

簡単な例を挙げてみようか。

僕の著書で、後に増補改訂されて『宇宙スイッチ』になったのが、『スピリチュアル・マーケティング』だった、と前に話したね。『スピリチュアル・マーケティング』は、自分のスピリチュアルと奇跡の原理を融合して書いたもので、ここには願望をすべて引き寄せるための五つのステップのプロセスが紹介してある。

もともとは姉のためだけに書いた本だった。なぜかって？　とても仲のよかった姉は、当時、生活保護を受けていて、子どもも病気で、夫も失業中の身だった。このような状況を見て、とても気の毒に思っていた。彼女は二千マイルも離れたところに住んでいたので、しょっちゅう会うこともできなかった。それで「じゃあ一丁、小冊子を書いて、姉に送ってやろう」と思ったのがきっかけなんだ。こうして、本を書いて、送ったら、いい結果が生まれてきた。姉は生活保護をやめ、夫も仕事につけるようになったんだ。子どもも全員高校を卒業し、大学に進学した。今は、姉の暮らしもよくなっているよ。

時間が経つにつれて、あちこちで信頼のおける人にひとり、ふたりと、この小冊子を贈呈していたんだ。

なぜかって？　僕は、アメリカ経営協会やアメリカ・マーケティング協会で本を出していたし、ナイチンゲール・コナント社からはプログラムもひとつ出していたからさ。怖かった。恐れていたんだ。このスピリチュアル系の本を見つけられたら、あいつはいったい何を考えているんだと思われかねないからね。神経をピリピリさせていた。メーリングリストにも気をつかった。『スピリチュアル・マーケティング』という本を出版したら、顧客やクライアントに怪しい人間だと思われかねなかったからね。なにしろマーケティングより精神世界に重点を置いている本だ。神秘的世界をテーマにしていることを評価してくれる人もいるだろうけど、こっちはこっちでマーケティングの世界を毛嫌いするだろうし、共倒れになりかねない。そう思ったんだ。

しかし、ボブ・プロクターのおかげで、結局恐怖に立ち向かうことにした。彼の主催するイベントで、彼は、二百五十人の聴衆の前で僕の本を紹介してくれた。

彼が「ジョーは『スピリチュアル・マーケティング』という本を書いた。たぶんみんなが読みたくなる本だ」と言った時、僕は一瞬気まずい思いがした。でも聴衆が興味を示しているのが分かったんだ。実際、僕は取り囲まれて、本を求められた。印刷すると、たちまちアマゾンでベストセラーになり、「ニューヨーク・タイムズ」も書評を載せてくれた。『スピリチュアル・マーケティング』は、後に大手出版社の目に留まり、『宇宙スイッチ』とタイトルを変えて出版されることになった。恐怖に立ち向かうことで、僕にまったく新しい仕事ができたんだ。

後に『宇宙スイッチ』となる『スピリチュアル・マーケティング』のおかげで、僕は「ザ・シークレット」をはじめ、映画にも出演することになった。実に多くのチャンスが次々に舞い込んできたんだ。毛布をかぶって部屋の隅に座っているだけだったら、チャンスは実現できなかっただろう。

僕は「自分はマーケティングの人間だから、自分が本当に好きなことはけっして人前で話すことはできないし、目覚めたミリオネアになる方法なんて口が裂けても言えるわけない。そんなことをしたら、どんな『反響』が待っていることやら……！」と恐れを抱いていたけど、最終的に、恐怖に立ち向かうことで、お金が転がり込んできた。豊かさを味わうことができたんだよ。名声や富も手に入れた。君も恐怖に立ち向かえば、富が引き寄せられてくるはずだ。

## お金の悩みを解決するための三つのポイント

**ピーター**　お金のことで深刻な悩みをもっている場合、最初に何をすべきですか？　またその理由もお聞かせください。

**ジョー** 最初に、お金を手に入れるという意志を固めること。そしてできるかぎり、願望は具体的にすることだ。

最近、願望を実現するという意志を定め、大儲けした億万長者の噂《うわさ》を聞いた。お金が欲しいと言うだけなら、はっきりした意志とはいえない。彼も最初はお金が欲しいという気持ちはあったけど、具体的な目標はなかった。でも、「フォーブス」誌が年一回作成するリスト「フォーブス500」を見て、五百位の金持ちがどのくらい儲けているか調べてみた。そして、「この人物より一ドル余計に儲けるだけで、〈フォーブス500〉のリストに自分の名前が掲載されるのだ」と言ったんだ。

具体的で、測定可能な意志を定めることが、最初に実行することだね。

実行しなくてはいけないことのふたつ目は、心に浮かんでくることに気づくことだ。要するに、「できるだろうか？」「どうやってやればいいんだろう？」「自分にはこんな富を手に入れるだけの価値があるのだろうか？」「富を手に入れたら、かえって傷つくことにならないか？」といったことが脳裏に浮かんでくるかもしれない。でも、これらはみんな思い込みだ。こんな思い込みはすべてクリアする必要がある。

僕の「目覚めのレッスン」のなかでも、このことは取り上げている。こんな場合は、まずクリアすることだ。クリアをするためには奇跡のコーチが必要なときもあるけど、自分ひとりでだってできないことはない。目覚めたミリオネアになるためには、自分の思い込みを調べ、取り除かなくてはいけないことには変わりない。

三つ目にやるべきことは、行動だ。

これについては繰り返し話してきたね。アイデアが浮かんできたら、行動に移さなくては意味がない。何かをやりたいという衝動が起きたら、行動に移すべきなんだ。恐れずに実行すること。前にも述べたけど、ふつう恐怖があるところには、すべてと言っていいほど富が隠されているからね。

## 人生においてコーチングを効果的に利用する方法

**ピーター**　ちょっと話題を変えたいのですが。

あなたがコーチングの大ファンであることは知っています。自分でミラクルズ・コーチング・オーガニゼーションを経営し、人々に人生でお金を引き寄せる方法や奇跡の引き寄せ方も教えています。

人生のなかでコーチングを利用する方法を、少し説明していただけませんか？　それほど勧めている理由もお聞かせ願えれば。

**ジョー** コーチングは人生を変えるために考えられる、もっとも有効な手段のひとつだ。『宇宙スイッチ』でもそのことは取り上げておいたよ。

僕には定期的に会っている、十年来のコーチがいるんだ。彼は僕の思い込みを見つけるのを熱心に助けてくれた。思い込みを取り除き、信念を変えて、貧しさから抜け出す手助けをしてくれたんだ。

僕は貧困から抜け出して、金持ちになり、大成功した。このように状況を劇的に変えられたのは、僕を信じ、励まし、責任をもてる人間にしてくれたコーチがいてくれたおかげだよ。彼は僕のことを勝手に判断したりせず、自分の前進を邪魔している思い込みを見つける時さえ、やさしさを失うことはなかった。

コーチをもったおかげでこんなにうまくいったんだ。僕がすでに開いている、「エクゼクティヴ・メンタリング」というコーチングのプログラムで働いているコーチのグループに会った時のことなんだけど、彼らは他にもプログラムを作らないかと尋ねてきたので、「うん、〈奇跡のコーチング〉というプログラムをずっとやりたいと思っていたんだ」と答えておいた。

ここでいう「奇跡のコーチ」は、僕が指導した人間じゃなくちゃなれない。なぜなら、僕自身コーチと十年一緒にやってきて、クライアントにどんなことを質問したらいいか、コーチになるための心構えがどうあらねばならないか、分かっているからね。コーチとどれくらい会えばいいのかも知っている。

最初に僕を助けてくれたのはコーチだった。だから、人を助けるためのコーチング・プログラムを作ったんだよ。人生に奇跡のコーチをもったおかげで、僕は思い込みをクリアし、目覚めたミリオネアになれたんだ。

## 素直に喜べる人こそ幸福にめぐまれる

**ピーター**　豊かになるために、プラス思考はどれくらい重要なものですか？　マイナス思考をしていても、目覚めたミリオネアになれるのでしょうか？　あなたはプラス思考についてはよく耳にしているでしょう。でも、否定的で、不満ばかりこぼしていても、裕福になっている人をたくさん知っています。この点について少し説明してもらえませんか？
**ジョー**　すごく興味深い質問だね。話にも熱が入る質問だ。
実は、プラスであれマイナスであれ、どんな思い込みをもっていようと、億万長者にはなることができるんだ。なれるかどうかは、まさに「人生に喜んでお金を迎え入れられるか?」の問題なんだよ。

人生に喜んでお金を迎え入れられるなら、あまのじゃくな人間でも、お金を引き寄せることができる。もちろん前向きでも同じことだけど。しかもプラス思考で、人生や理想にまっしぐらに突き進んでいるなら、幸福で、健康で、バランスのとれた人間になれるし、もっと積極的に世の中に貢献できると思うよ。これが重要なことは明らかだ。

お金を善悪に結びつけるのは、いずれにしろ間違いだ。人生に喜んでお金を招き入れる態度を鮮明にしているかぎり、お金持ちになるための心構えができるからね。どんな信念や個性のもち主であっても、人生でお金持ちになれる。

## 与えることはお金を引き寄せる上で不可欠

**ピーター**　与えることはどれくらい重要ですか?

**ジョー**　与えることは、富を引き寄せるための重要な秘訣だね。宗教でも与えることについて話題にしてきた。たとえば、収入の十分の一を捧《ささ》げるように求めている宗教がある。

僕は初めてその話を耳にした時、宗教に強く胡散臭《うさんくさ》さを感じたものだ。なにしろ、稼いだお金の十パーセントは、この規則を作った宗教組織の懐に入ってしまう、と思ったからね。

でも、実際は、与えることで心は温かくなり、インスピレーションも湧いてくるようになる。教会であれ、給仕人であれ、タクシードライバーであれ、通りすがりの人であれ、十パーセント以上のお金を施せば、自分もお金を受け入れられるようになるものなんだ。

## 効果を信じなければ宇宙の原理は働いてくれない

**ジョー**　人が与えようとしないのは、自分に不足しているという意識があるからだ。だから、今あるお金しか使えないと思って、そのお金にしがみつくことになる。

しかし、与えることで、自分には十分なお金があるというシグナルを心に送ることになる。すると、このカルマ的なマーケティングの原理が働きはじめるんだ。どこかで、君が何かを与えれば、宇宙は君に十倍以上のものを授けてくれるだろう。

ひとつだけはっきりと言えるのは、与えることの効果を信じられないなら、与えたものに比例して受け取ることができるという原理は働かなくなるということだ。たとえば、「ジヨー・ヴィターレが与えることを話題にしているな。でも、十ドル与えて、百ドル受け取ろうなんて。それは無理じゃないかな」と反論し、僕が間違っていることを証明しようとするために与えているとするなら、いくら与えたって、おそらく受け取ることはできないね。なぜなら、与えるか与えないかはひとりひとりの自由意志の問題で、いくら与えてもそんな考えを抱きながらでは、宇宙の原理を働かなくしてしまうからだ。

自分が与えることについてどんな考えを抱いているか、まず確かめることだ。

僕は、与えることでいい気分になれる。それが百万ドルを引き寄せるもうひとつの秘訣なんだ。気分がいい時ほど、お金儲けにつながる人物や環境が引き寄せられるチャンスが現れる。繰り返しになるかもしれないけど、与えることが、お金を引き寄せるためには欠かせないことなんだ。

## 歩いている間でも感謝の気持ちを示せるか

**ピーター**　あなたは感謝についてもたくさん話していらっしゃいますね。人生でもっと多くのものを手に入れるためには、自分が今所有しているあらゆるものに感謝しなくてはいいています。

けない、と。あなたはさまざまな著作のなかで、感謝について特に多くのページを割いて

「感謝の態度」について少し説明してもらえませんか？

**ジョー**　それがお金を引き寄せるための、もうひとつの秘訣なんだ。もっと欲しいと思っていたとしても、すでに自分が所有しているものに感謝し、周りを見回し、「このオーディオに感謝します」「この本に感謝します」「今、人生のなかにあるものすべてに感謝します」と言い、心から感謝の気持ちを示しているなら、自分が変わっていき、今までとは違うエネルギーが周囲に広まっていく。このエネルギーが、今、所有しているものよりはるかにすばらしい人、場所、もの、瞬間をたくさん引き寄せてくれる。そのすべてが感謝の気持ち、愛、尊敬、評価から生まれてくるだろう。

感謝することが、目覚めたミリオネアになるための有効な手段であり、彼らは実際に、感謝しながらこの地球を歩いているんだ。なぜなら、そうすることで奇跡を実現できることが分かっているからね。

生きていること自体も奇跡なんだよ。感謝とは、とても奥深いものだ。計り知れないほどにね……。

## ミリオネアとビリオネアの思考パターンの違い

**ピーター**　先ほども少し触れましたが、目覚めたミリオネアと目覚めたビリオネアの思考パターンの違いについて、話を戻しましょう。そんなものがあるのですか？　どうすればビル・ゲイツのような億万長者になれるでしょう？　また七桁（百万ドル）の収入を稼ぐ人間になるにはどうすればいいのですか？

**ジョー**　いい質問だね。やらなくてはいけないのは、自分の価値を高めることだ。誰もが心のなかに自分で定めた富の設定点がある。今、おそらくミリオネア（百万長者）にはなれても、ビリオネア（億万長者）になるのは無理だと思っていないかね。もしそうなら、なぜだと思う？

おそらく、原因は心のなかにある。僕が最低賃金で、底辺の仕事をしていた時は、考え方、富の設定点、自尊心の低さから、これくらいしか自分は所有できない、自分の価値はこれくらいのものだ、と思っていたものだ。確かに、もっと多くのものが欲しかったし、意志も弱いほうではなかったけど、これくらいが関の山だと思い込んでいたから、現実にもそれに見合ったものしか所有できなかったんだ。

一度深呼吸して、「自分はお金について何を信じているか？　自分にどれくらいの価値があると思っているのか？」と自分に問いかける必要があるね。もっと飛躍して、「十億ドル持っていたなら、人生はどうなるだろう？」と問いかける必要があるかもしれない。

最初は恐怖心が生まれてくるだろうね。

「大企業のオーナーになる。すると問題がたくさん出てくるのではないだろうか。会社が大きければ、会計士もたくさん雇わなくてはならない。税金問題もたくさん出てきて、苦労するだろうな」と考えるだろう。そうするうちに、突然、億万長者になるのが気まずくなってしまう。

質問から浮かんでくる思考や信念はすべて検討する必要がある。その時、このような信念を次の言葉で取り除くんだ。

「企業のオーナーになったら、企業をきちんと運営してくれる適切な人物を雇うだろう。税金の問題があるなら、問題を処理してくれる企業弁護士や税理士を雇うことにしよう」

否定的態度や思い込みを解決すれば、億万長者への道を歩み出すことができる。ここでやったのは、自分に対する価値観を高める方法だ。自分の設定点を高くしたんだ。

## 物を欲しいと思うのは悪いことではない

**ピーター** シンプルな生き方についてですが、精神世界ではよく話題にされるテーマですね。車や家など欲しがっちゃいけない、というような。なにか間違っていませんか。あなたの意見では、物が欲しいと思うのは悪いことではないですね？

**ジョー** 当たり前だよ。それどころか、僕の考えでは、スピリチュアルと物質はコインの裏表のようなものだ。

お金、車、家、莫大《ばくだい》な富に眉をひそめている人間は全員、世の中を自分たちが聖地と思っているような場所に変えなくちゃならないと思っているようだけど、ひとりよがりも甚だしいね。車や家もスピリチュアルなものじゃないか？ バランスのとれた人間は、スピリチュアルなものも物質的なものも、ともに欠かせないものだと考えていると僕は確信しているよ。

車や家を持つのが悪いことだとは思わない。もし問題があるとすれば、エゴを満足させすぎて、意志がエゴに根づいたものになってしまう場合だね。僕は「目覚めのレッスン」

や「奇跡のコーチング・プログラム」でこの問題を説明している。

簡単に言えば、世界で最大の車のコレクションを持ちたいと思うなら、たぶんその意志はエゴに根づいているものなんだ。でも、自分の胸を高鳴らせるような車を偶然目にして、足取りが軽くなり、なんだか生きていることがうれしくなっているようなら、それは内面の直感や刺激から生まれてくる意志だと思う。

「この車を持てたら素敵だな」という気分になった後、自分が神に導かれているような気持ちになるはずだからね。それが本当のことかどうかは、自分以外に知ることなんてできないさ。誰かがそれに何か言ってきても、それは独善的な判断になってしまうだろう。さっき言ったように、スピリチュアルと物質は同じものなんだ。

## 成長や飛躍を実感した時こそ努力を続ける

**ピーター**　ありがとうございます。このインタビューを締めくくる前に、最後にふたつ、質問があります。今、思い浮かんできた重要なことです。

私の友人たちは豊かになればなるほど、勉強したり、本を読んだり、テープを耳にしたり、ますます自己に投資するように思えるのですが、この点に興味があるんです。あなたのお考えはいかがでしょう？

つまり、あなたは間違いなくお金持ちですが、相変わらず本を読み、セミナーにも参加しています。自分を教育し続けるのはどれくらい重要なことなのですか？

**ジョー**　いいところを突いてきたね。僕も学び続けて、成長を続けているからね。確かに、僕は本を読んでいる。アマゾンでよく買うよ。マーケティング、心理学、成功、心構えに関する新しい本はいつも購入している。成長し、学習し、努力を続けている。他の人のセミナーにも出かけているよ。

僕の友人はかつて、自己啓発のグルは全員、他のグルたちの自己啓発書を買っている、と言っていた。なぜだと思う？　それは全員が成長し、前進し続けているからなんだ。自分だけ遅れをとりたくないからさ。

人生で大きな飛躍をし、目覚めたミリオネアやビリオネアになろうとするなら、本やオーディオ、コーチング、セミナーを利用して、成長し、努力していくことが絶対に不可欠だ。なんとしても実行すべきことだと、僕は思っている。

**ピーター**　締めくくりに、目覚めたり、ミリオネア――または自分の目標――に到達するために、なにか他にアドバイスはありますか？

# 幸福を求めるなら「価値あること」に挑みなさい

**ジョー**　もう知っているはずだけど、僕は名刺に「価値あることに挑め」という十六世紀のラテン語のモットーを印刷している。僕は本書を読んでくれている人全員に、ミリオネア、または、そっちのほうがいいというなら、ビリオネアになる意志を定めてもらいたいと思っているんだ。そのための行動も起こしてもらいたい。自分自身や自分の信念に取り組んでほしいんだ。

そのためにはサポート・システムをつくるか、見つけることが大切だ。なぜなら、人に励ましてもらい、つねに自分で責任をまっとうできる人間になることが、目覚めたミリオネアになるための重要な鍵だと思っているからね。

人間が望んでいるのは、実は幸福になることなんだということに、ぜひ気づいてもらいたい。百万ドルを求めている間でも、今、この瞬間に幸せになることはできるんだ。全員に価値あることに挑んでもらいたいと思う。

**ピーター**　ここにあなたといることができて、光栄です。時間をとって、すばらしい英知を教えていただきありがとうございました。

**ジョー**　こちらこそありがとう。みなさんが繁栄されんことを願っています。

**ピーター**　読者のみなさんも、ここに参加していただき、ありがとうございます。

# Chapter 7

# プログラム「目覚めた人間関係」

あなたが許せば、世間も変わる。

——ジョー・ヴィターレ

**ジョー**　こんにちは。ジョー・ヴィターレです。「目覚めた人間関係」のプログラムにようこそ。このプログラムのなかでは、個人や仕事上の人間関係を最大限に活《い》かすための方法を話し合っていきます。目覚めた人間関係をつくれるように、さっそく始めることにしましょう。

**テレサ・プッシュカー**　では最初に、目覚めた人間関係とは何か、説明していただけますか？

## 目覚めた人間関係の根本には愛がある

**ジョー**　目覚めた人間関係の根本にあるのは愛そのものです。

少なくとも目覚めるためには、四つのステージを通過しなくてはいけないことを理解しておかなくてはいけません。

最初のステージではほとんどの人が犠牲者意識をもっているので、あまりいい人間関係を築くことはできません。目覚めの第二ステージでは、人生を自力で切り拓《ひら》くことができるという意識が芽生えてきます。だから、人間関係の絆《きずな》は深くなり、大変刺激的になり、しっかりと育まれてもいきます。しかし、この状況も遅かれ早かれ、第三ステージへと進化していきます。

ここで重要なのがゆだねることです。といっても人間関係で、相手に身をゆだねるというのとは違います。あなたがゆだねるのは、「神聖なる存在」、すなわち自分より上位のパワーに対してです。

第四ステージが、あなたと私が向かおうとしている目的地です。ここで完全なる目覚めの状態に到達します。

目覚めた人間関係の根本にあるのは愛です。目覚めた人間関係のなかで、相手を見ていて、みえてくるのは愛だけなのです。もし、相手もこのステージにいるなら、同様にこちらを見て、あなたに愛だけをみています。

愛こそ目覚めた人間関係の本質であり、説明するための言葉なのです。

## 「親友」と「真実の友」の決定的な違いとは？

**テレサ・プッシュカー**　愛といえば、ほとんどの人は、親友といえる存在をもっているでしょうか？　親友、それはいったいどのような友のことをいうのですか？

**ジョー**　ほとんどの人が親友をもっているとは思いません。そう言ってしまうと、悲しく思われてしまうかもしれませんし、驚いてしまう人もいるでしょう。しかし、親友にはひとつの定義があります。

有名な講演者から聞いた話ですが、たとえば外国の牢屋《ろうや》に閉じ込められて、我を失ってしまうような状況に置かれているとするなら、あなたの友人の誰が、救出に駆けつけてくれるでしょう？　誰が、すべてのことを投げうって、世界の裏側まで飛んできてくれるでしょうか？　必要とあらば、あなたを奪回し、自由の身にしてくれるでしょうか？

この定義に当てはめると、私たちのほとんどには親友はいないということになってしまいます。いるのは、知人、同僚、隣人です。ときどき会う人はいるし、付き合っている人はいても、覚えているかぎりでは、人生であなたができるだけ幸福になることを考えてくれる人はめったにいません。

しかし、目覚めた人間関係を築き、内面の愛に根差す関係になると、愛情にあふれた友人があなたに引き寄せられてきます。私の考える真実の友とは、あなた、あなたの幸福、そしてあなたの目標を全面的に後押ししてくれて、あなたのために最大限の利益を考えてくれている人のことです。もちろん、こちらも相手に同じ気持ちを抱いています。

## 否定的な感情は否定的な人間関係を引き寄せる

**テレサ・プッシュカー**　今、愛、人間関係、真の友人について話しています。しかし、ネガティブな人、めそめそしている人、不平や不満を言い、泣き言を言う、あまのじゃくな人生のパートナーについてはどうですか？　このような人にはどう対処しますか？

**ジョー**　そうですね、ご存じの通り、目覚めのどのステージにいるかで、人生に否定的で、泣き言を言う、犠牲者のような伴侶を引き寄せてしまうこともあるでしょう。しかし、その相手はあなたの一部を投影しているのです。ユング心理学の見解では、このような人物はあなたの影の部分を象徴しています。

今、初めてこの話を聞いたとしたなら、ひどく混乱してしまうことでしょう。不平を言っている人、あまのじゃくな人、泣き言を言う人、犠牲者のように振る舞っている人は、実際には、同じような感情を抱いているあなたの性質の一部を映しているのです。

実際に、引き寄せられた人間関係は、自分の内面の状態が現れたものです。この問題を解消するためには、自分自身との関係を解決することが先決です。

自分の内面にある否定性、くりごと、犠牲者の部分にすべて責任を負い、調べていかなくてはなりません。自分が責任を負って、否定的な部分を追い払い、目覚めて、道を切り拓けるようになれば、相手もそれに応じて変わっていくでしょう。そうでなければあなたのもとを離れていくはずです。なぜなら、内面のエネルギーが、もはやこのような人間を引き寄せなくなってしまうからです。

## どんな関係にもお互いにプラスになるものがある

**テレサ・プッシュカー**　私に陰と陽について再認識させてくれた友人がいます。最初に会った時は、まったく正反対の人間に思えても、お互い有益な関係になっているのに気づいていくのです。自分にはないものをお互いに補い合うのですね。

人間関係ではずっと互いに利益を与え合わないといけないものなのですか？

**ジョー**　人間関係は互いに利益を与え合えなくなったら、いずれ終わってしまいます。どちらも相手からなにも得るものがなくなったら、関係は終わってしまうのです。

人間関係は最初は多少ぎくしゃくしていても、お互いを知り、人間関係、愛、価値観に関する無意識の思い込みをクリアすると、しっくりいくようになります。一緒にいて、どちらも楽しい時間を過ごせます。

しかし、いつ、いかなる時も、付き合ってもなんのプラスもないとどちらも感じてしまったなら、そこで終わりです。他の人間に心は移ってしまいます。

## いつまでも続く、親しい関係を築くために

**テレサ・プッシュカー**　末永く、親密な関係をつくる秘訣《ひけつ》はありますか？

**ジョー**　繰り返しになりますが、そのための鍵は、愛にもとづく関係を築くことです。愛とは何か？　愛とは、お互いを理解し合うことです。そのためには、どちらも自分勝手に

相手をこんな人間だと決めつけないことが大事です。

愛は汲《く》めども尽きせぬものです。愛は相手を決めつけたりしません。愛は純粋性、光、平和、幸福から生まれてきます。仕事であれ、家庭であれ、このような理想的人間関係を築くため、相手のなかに愛をみなくてはいけません。そして、自分の内面にも愛をみなくてはいけないのです。

目覚めた人間関係の根本にあるのは愛です。いえ、人間関係そのものが愛そのものなのです。

## 秘密をもたないことがもっとも重要な鍵

**テレサ・プッシュカー**　完全な誠実さを愛に求めるべきでしょうか？　私たちは誰でも、人間関係では人には口にしない小さな秘密があるものです。それはいいことですか、いけないことですか？　どうでしょう？

**ジョー**　ジークムント・フロイトは、精神を健全に保つためのもっともいい方法は、秘密をもたないことだ、と言っています。この言葉のなかには深い真実が含まれていると思います。

秘密をもたなくなると、深く癒やされていくと思います。他人に完全に誠実になること、もっと大切なのは、自分自身にも完全に誠実になることが、人生のあらゆる領域で、目覚めた人間関係を築くための第一の鍵です。

そう聞いて気まずい思いをしている人もいるかもしれませんが、かなり前に「妥協のない誠実さ」について書いてある本がありました。自分の過去、許し、願望について徹底的に誠実になると、人生と人間関係も穏やかになる、という考えを前提とした本です。秘密をもたないことが鍵で、目覚めた人間関係へと一直線に向かっていく道なのです。

## どんな状況でも「今の自分」を受け入れる

**テレサ・プッシュカー**　私は自分の自我（エゴ）と悪戦苦闘していました。私はあまりに多くのことに目がいってしまうのです。自分が魂にもとづいて生きているようには思えません。とてもがっかりすることですけど。このような矛盾があるのに、どうすれば心を穏やかにすることができるでしょう？

**ジョー**　それは実にいい質問ですね。まず、どのような状況であれ、今の自分をしっかりと受け入れることです。状況に無理やり戦いを挑めば、状況はさらに悪くなってしまうからです。抵抗すれば、かえって状況から抜け出せなくなってしまいます。

できるかぎり、今という瞬間に意識を集中することです。今という瞬間、そして魂に意識を集中しなくてはいけません。あなたの自己、すなわちエゴは、けっして魂と対等の立場に立つことはできません。エゴは、実際には、魂と呼んでいる、神聖な部分に奉仕するようにできているものなのですから。

深呼吸して、魂にゆだねてください。自分の本質はエゴではないという事実をじっくり考えてください。思考も、肉体も、感情もあなたではありません。あなたの本質は、実際は魂なのです。あなたは思考、肉体、感情の背後に潜んでいる目撃者なのです。深呼吸して、この目撃者である神聖なる存在（神）があなたにささやいてくることに素直に従うべきです。

エゴの視点から動こうとすると、多くの欲求不満が生まれてきてしまいます。今、あなたもそう感じているはずです。私は余計なエゴは手放すようにしています。それには、内面を覗《のぞ》いて、神聖なる存在に従うことです。そうすれば、あなたは家路を見つけ、目覚めへと導かれていきます。

## エゴはあなたが生きていくために必要な存在

**テレサ・プッシュカー**　もうひとつの問題を思い出しました。スピリチュアルの師の多くはエゴを敵であり、まるで根絶しなくてはならないものであるかのように説明しています。エゴは否定的なものなのです。

私に浮かんできたのは、このような否定性は抵抗、すなわちある種の壁をつくるということです。ご存じの通り、一方では「エゴと妥協しなくてはいけない」という常とう句も耳にします。

本当はどっちなんでしょう。この言葉について説明していただけますか?

**ジョー**　簡単にいえば、エゴはあなたの友人です。エゴは、あなたが生きていくのに役立ってくれますし、エゴがなければ誰も生きられません。悪いものではありません。ただし、エゴに振り回されてはいけません。人生というバスを運転させてはいけないということです。なぜなら、運転させれば壁に激突したり、他のバスと衝突したりしてしまいます。事故を起こし、完全に打ちのめされてはいけません。

生きるためにはエゴが必要です。小切手を現金にしたり、車を運転するためにはエゴが必要なのです。友人のような存在です。それがすごく肝心な点なのです。繰り返しますが、これがまさに本質的なことです。

エゴは魂に奉仕させなくてはいけません。バスを運転し、船を動かし、地球を動かすのが魂です。この本来の操縦者のために、エゴは尽くさなくてはならないのです。

## 心の声を聴く方法は幼い子どもたちが知っている

**テレサ・プッシュカー**　今の説明で、私は子どものことを考えてしまいます。あまりエゴにとらわれていない幼い子どもたちを見ると、私たちは彼らにエゴを育てる訓練をしているように思えるんです。どうすれば、あなたのメッセージを子どもたちに伝えられるでしょうか?

**ジョー**　考えが逆ではないでしょうか。私たちのなかでは、子どもたちがもっとも純粋で、神に近い存在だと思うんです。源から生まれてきたばかりなのですから。彼らはエゴをもち、人生で生き抜く方法を学んでいきます。遊び方や付き合い方を見て、学ぶ必要があるでしょう。

でもまだ目の輝きは失っていません。彼らの心が「これをやりにいこう、これで遊ぼう、おもしろいことをしよう」と叫んでいるのを見てください。子どもたちはまだ型にはめられず、発想力が豊かです。

子どもたちを変えてやろうと思ったりせず、子どもたちから学んでください。「この神聖で、小さな存在から大人が学び、人生に活《い》かせる性質は何だろう?」と考えるのです。

**テレサ・プッシュカー**　子どもたちを（エゴから）「守る」ことにこだわりすぎるな、ということですね。

## 大人や文化は子どもにどんな影響を与えるのか

**ジョー**　でも、子どもたちを守る必要は確かにありますね。なぜなら、子どもたちも少しは犠牲者意識をもって生まれてきますから。それに、大人や文化が子どもたちをプログラムする。

でも、子どもたちにバス、列車、車とは何で、危険な地域はどこかを教える必要はあります。子どもたちを意識づける、手助けをするためにね。私たちは子どもたちのエゴを訓練しています。人間は全員エゴをもっているけど、生き残るためには必要なのです。

幼い子どもは生き方や付き合い方を必ずしも知っているわけではありません。手を差し伸べて、子どもを教え、準備し、指導し、教育するのは悪いことではありません。

**テレサ・プッシュカー**　私には自分が本当に恐怖を抱いているのかどうか、なかなか見分けられないことがあります。たとえば、子どものことでも。「娘を校庭に連れていかなきゃ」と思うと、ジャングルジムで彼女が怪我《けが》をしたりしないかしら、と不安になってしまいます。

恐怖と直感を見分けたいのですが。すぐに区別する方法がありますか？

## 手に入れたければ願望に意識を集中しなさい

**ジョー**　なるほど。恐怖とは何かを、かなり分かっているようですね。大事なのは、あなたの願望にもっと焦点を当ててあげることです。

恐怖にばかり頭が行ってしまうと、恐怖をもっと引き寄せてしまうことになりますからね。怖いことがますます増えてしまう。

あなたの意識的な考えが、内面にもっと恐怖という感情を引き寄せてしまいます。まず恐怖ありきでは、恐ろしいことがもっと増えてしまうでしょう。

深呼吸して、こう自分に問いかけてください。

「自分の望んでいることは何か？　子どもや自分が安全な環境にいて、陽気で、励まし、励まされることを私は望んでいる。子どもを遊び場に連れていって、楽しく過ごしてもらいたい。微笑《ほほえ》みながら、他の家の親たちと話したり、子どもが他の子どもと遊んでいる姿を見たい」

私の場合、それがどれほど気分がいいか、ということに意識を集中するでしょう。願望に意識を集中すれば、願望が膨らんでいき、実現できるようになっていきます。これが心理学の基礎です。

あなたが意識を集中しているものが、もっと多く手に入るようになる。これは以前、「目覚めのレッスン」のなかで説明しておきました。

不安ではなく、願望に意識を集中してください。意識を集中しているものはすべて、引き寄せられてきます。

## 怖いと感じるものほど行動に起こしたほうがいい

**テレサ・プッシュカー**　ビジネスの世界に飛び込むには、大きな決断をいくつか下さなくてはなりません。でも、多くの人が危険を冒したくないと尻込みしてしまいます。「これはよしたほうがいい。危険かもしれない」といった意識があるからでしょう。直感的な虫の知らせと「これは自分の人生を大きく左右しかねないから怖いな」といった恐怖の区別がなかなかつかないことがあるのですが……。

**ジョー**　これも、恐怖についてですね。ほとんどどこにでも恐怖が姿を現していませんか？　それで楽しいですか？

恐怖は犠牲者である第一ステージにいることが原因だ、と私は主張しています。傷つけられたり、お金を失ったり、面子《めんつ》をなくしたり、投資にしくじったり、自分に誇りをもてなくなることを恐れてしまうからです。まったく馬鹿げたことです。

何度も失敗し、破産を宣告されたこともある億万長者から、「恐怖や失敗から大切なことを学んだ」と言われたことがあります。「え、どういうことですか？」と尋ねると、「失敗しても、悪いことはなにも起こらなかった」という答えが返ってきました。

「で、いったい何を学んだのですか?」と尋ねてみました。すると、彼は続けて「世間は忘れてしまう。忘れてくれるものなんだ!」と言ったのです。

「もっとも厳しく責めてくるのは自分自身なんだ。失敗とみえる出来事のために、自分をさんざん責めるけど、失敗は調査結果だというのが分かった。その情報を手に入れたなら、自分で取り入れ、学習し、前進できるんだよ」

なにか決断を下すのを恐れていると、元気を失い、行動を起こせなくなってしまいます。これではうまくいくかどうか、結果は永遠に分からなくなってしまう。恐怖があなたを犠牲者意識でがんじがらめにし、前に進めなくしてしまうからです。

恐怖に立ち向かえば、たいてい富のありかを見つけ出せることに私は気づき、何度もそのことを話してきました。富は恐れているものの後ろに隠れているのです。

恐れていて足を踏み出せずにいることは何でしょう? おそらく、やるのを恐れていることが、実際に行動を起こさなくてはいけないことです。私の鉄則は、恐れていることがあるなら、実行すべし、です――この鉄則を自分が初めて実践したのは、私の最初の講演だったかもしれませんし、『スピリチュアル・マーケティング』を本として出版した時のことだったかもしれません。

恐怖があるのは、エゴが傷つくのを恐れているからです。恐怖と向き合い、ともかく実行に移すとき、人生は変わっていきます。

最初の講演をしたのは、私がまだかなり若いころです。講演会場には六人の聴衆が訪れていました。私はあまりに緊張しすぎて、壁によりかかっていました。意識を失って、床に倒れてしまいはしないかと思ったからです。「ラリー・キング・ライブ」や「ドニー・ドイチュ」の番組に出演するまで、私は繰り返しこのような恐怖に立ち向かってきました。

私はドナルド・トランプの前で舞台にも立ちました。こんなすごいことになるとは、以前には思いもよらなかったことです！　私にとっての晴れ舞台のひとつは、全国講演者協会の基調講演者になったことです。私に耳を傾けていた聴衆は五千人のプロの講演者たちでした。話し終えると、全員が起立し私に拍手喝さいしてくれました。

## 不安はあなたが成長できるチャンスに訪れる

**ジョー**　私が言いたいのは、恐怖に立ち向かうことがなかったら、このような舞台は絶対に訪れなかった、ということです。恐怖は「行動するな」という意味ではない。このことを人々に再認識してもらっています。

恐怖は、いってみれば今まで経験がないことを実行しようとしていることから生まれてくる警戒心です。あなたが事業を始めたり、株を買おうとしたり、レストランを開店しようとする時少し不安になるのは、以前やったことがないせいです。この不安は恐怖ではありません。それはあなたが自分をさらに伸ばそうとしていることをやろうとしているから生まれてきているのです。

再度言いますが、深呼吸して、内面を覗き、「これは本当に生死にかかわる状況なのだろうか？　実行すれば、命を失う恐れが本当にあるのか？　自分の安全圏を少し広げようとしているから、不安になっているのにすぎないのか？」と問いかけてください。自分の安全圏をもっと広げたいなら、恐怖に立ち向かいなさい。実行するのです。

## 緊張を感じるのは犠牲者意識を抱いている証拠

**テレサ・プッシュカー**　ビジネスや自分の幅を広げることを話しながら、私はどうすれば、誰もが自分が成長していると感じられるのだろう、と考えています。あらゆることが慌ただしすぎます。そのため、私たちの神経は悲鳴を上げています。

このようなことを、四つのステージで説明するとすれば、どういうことになるのでしょう？　現在の慌ただしさ、不安、切迫感にどのように対処すればいいでしょう？

**ジョー**　せかされていると思い、世の中にストレスを感じるのは、最初のステージ――犠牲者意識――にいることが原因です。

「今の世の中で、私は圧迫され、翻弄されているように感じています。自分はなにも成し遂げることができません。頭がおかしくなってしまいそうです。時間もお金もありません。すべて足りないのです。やる気などまったく湧いてきません」

こんな言葉を漏らしているとするなら、それが犠牲者である証拠です。もちろん、第一ステージにいても構いません。このステージから目を覚まし、次のステージに向かっていけるのですから。

たとえば、自力で何かを成しうると気づくようになると、「毎日、数分間、緊張を解く必要があるなら、一日を始める時三度深呼吸したり、電話をする前にほんの数分間、目を閉じてみたりしたらどうだろう。毎日、瞑想《めいそう》したり、トレーニングしたり、散歩したりするのもいいかもしれない」と思うようになります。あるいは、週に一度か、月に一度、マッサージを受けることなのかもしれません。とにかく、今まで思っているよりも、自分でできることがあることに気づくことが必要です。

そうすれば、どんなに世の中がせわしなくても、自分まで同じようにする必要はない、と言える精神状態に変わっていきます。物事を成し遂げながら、自分を大切にし、愛し、大事にすることができます。

自分がどのような意識状態でいたいのか、決めてください。犠牲者であることに気づいたとしても、気にすることはありません。いずれ、自分がコントロールし、目覚めの次のステージに移り、自力で道を切り拓いていけると感じられるようになるのですから。自分の時間とペースで、目標を成し遂げることができると感じられるようにしてくれるテクニックもいくつか利用できるようになります。

ここでひとつ、第三ステージがゆだねることだということを思い出してみてください。

## 世の中の出来事すべてに対処する必要はない

**ジョー**　第三ステージで、あなたは神聖なる存在に、「私にはすべてのストレスを解消することはできません。この忙しさでは身がもちません。世の中の出来事にすべて対処はできません」と自分の感情を素直に打ち明けます。

ハワイには「ホ・オポノポノ」というすばらしい癒やしのテクニックが伝えられています。基本的に、この秘法は人生のあらゆることに対して責任をまっとうできるようにするための簡単なテクニックです。

あなたは自分の人生に現れてきたすべての人を許します。自分から始め、全員を愛していきます。その時、自分の心を穏やかにするクリア（浄化）のテクニックとして、次の四つの言葉を繰り返し唱えます。

「ごめんなさい。許してください。ありがとう。愛しています」

## 犠牲者の思い込みを前向きな信念に変えるコツ

**ジョー**　あなたがこの瞬間に集中していれば、奇妙なことですが、忙しい世の中が実際には忙しくなくなります。

**テレサ・プッシュカー**　ありがとうございます。今、忙しさを話題にしていますが、そこで考えるのが女性、母親についてです。彼女たちには「自分を大切にできない、他のみんなの世話をしなくてはいけない」という伝染病が広まっているように思えるのです。

今、私自身もそのような問題を抱えています。そのように女性や母親を仕向けようとする、集団意識や世の中の問題があります。私たちの一世代前の女性は、家族のために自分を犠牲にしてきたことが分かりました。今、私は自分ばかりでなく、この世代の女性の問題を解決したいという気持ちが芽生えています。そのためにどうすればいいか、ヒントや忠告をいただけますか?


**ジョー** 方法はあります。二、三ほど考えが浮かんできました。まず、あなたは今思い込みについて言ったのですね。

女性のなかでずっと何度も言われ続け、今でも絶えず息を吹き返してくる信念があります。それは、自分がすべてやらなくてはならない、自分は無力だ、他の人間に従わなくてはいけない、という思い込みです。

じっくり聞いてみると、まさに犠牲者意識がここに潜んでいます。犠牲者の意識が生まれるのは思い込みが原因です。まず、前に私がお話しした、ちょっとしたクリア・エクササイズを実行してください。

私は「思い込みに疑問を呈することができる」と言いましたね。たとえば、「私がすべてのことをやらなくてはいけないと実際に信じているのか? 実際に、私より一世代前の女性のすべてがやっていたことを、今もやらなくてはならないと本当に思っているのか?」といった具合に。

このように、自分に問いかけをしている時、自分の思い込みの根っこに何があるか、明らかにしなくてはいけません。その思い込みは、あなたに伝えられてきた信念であることはほぼ間違いありません。幼いころ、この思い込みを意識的に選んだのではなく、少し成長してから心に刻みつけられたものです。この信念を選んでいたことに気づけば、手放してしまい、もっと前向きな信念に取り替えることができます。

「愛しています。ごめんなさい。許してください。ありがとう」と唱える、クリア・テクニックも利用できます。あなたはこの思い込みに――もっと重要なのは、この思い込みに関連するあらゆる信念に――ホ・オポノポノのテクニックを利用することができます。

どの思い込みがこのような感情を生み出しているのか、正確に知る必要はありませんが、その感情を抱いた時、少しの間、その感情を心に留め、神聖なる存在(または神など、あなたにとって適切なものならなんでも)に向かってこう言ってください。

「ごめんなさい。この感情がどこから生まれてくるのか分かりません。人生のなかで無意識にこの信念をつくり出すために、私がしてきたことをすべて許してください。この状況を解決してくれたことに感謝します。問題を手放して、一掃し、浄化してくれたことに感謝します」

私の場合は、最後を「愛しています」という言葉で締めくくります。これは神聖なる存在への力強い愛の表現です。あなたは神聖なる存在に「愛しています」とささやいているのです。そして、あなた自身が神聖なる存在とひとつになります。

この方法で、思い込みや、それに関連するあらゆる信念を浄化し、自分で状況を切り拓けるという気持ちになれるのです。やらなくてはいけないことを、必要な時にできるようになります。

## 他人にイライラを感じる原因は自分のなかにある

**テレサ・プッシュカー**　思い込みの話をする時、私のなかに出てくる疑問があります。それは、私の個人的なことでもあるんですが、夫のことで骨を折っていることです。あなたが実践し、私も実践してきたことの効果は確信しています。けれども、夫は、私のことを必ずしも認めてくれず、理解を示してくれません。そのたびに「いったい、どうすればいいだろう」と考えるのです。

**ジョー**　「骨を折る」という言葉を口にしたことに気づいてください。これもやはり、外部の環境に抵抗しようとするエゴの言葉で、犠牲者意識が消えていない証拠です。別に悪いと言っているわけではありませんよ。

第四ステージに到達し、完全に目覚める状態に達するまでは、さまざまなステージの間を行ったり来たりするものです。だから、犠牲者の思考パターンになってしまう人生の領域がどこかにまだあっても不思議ではありません。それが実状です。犠牲者意識をつくり出す思い込みを調べてみる必要があるでしょうね。

「セルフ　アイデンティティ　ホ・オポノポノ」を使って、この思い込みを取り除かなくてはいけません。もっと重要なのは、何を調べているのであれ、相手はあなたの内面——自分が感じていること——の影だということに気づくことです。

外部の存在は、あなたの内面の心の状態を映し出しています。あなたのご主人であれ、上司であれ、「まったく分かってくれない。考え方が違う」と感じている人との間には、ある意味で、コミュニケーション・ギャップがあります。

相手は、実際にあなたの抱いている感情の一部を象徴しています。

ここが重要な点です。それはあなたの人生の影の部分なのです。実際には、あなたの見たくない自分の部分を表しています。でも、その部分に責任をとれるようになれば、この状況は変わります。

私の場合、誰かにイライラさせられたり、いやなことを聞かされている時、自分の内面を覗き込んで、「自分でもその言葉を信じているところはないか?」と問いかけることにしています。自分に正直になるなら、「その通りだ」と気づくことができます。相手が口にしているどんな言葉も、自分に当てはまっていると信じる、いわゆる副人格が存在しているのです。

相手に言われて、イライラするのは自分の副人格を見たくないからです。信じたくないし、責任を負いたくないのです。私は相手に対処するのではなく、自分の心のなかにいる自己と向き合うようにしています。

私は内面の自己と対話し、「なぜ思い込みを信じているのか? なぜそんなことを言っているのか?」と問いかけます。心のなかにある穏やかで、静寂な場所にたどり着けるようになるまで、対話を続けます。そうすれば、反対してくる外部の相手ももう反対しなくなり、穏やかになります。

外部の人間はなぜ変わるのでしょう? それは、自分の内面を変えれば、相手にも自分の内面が映し出されるからです。

## 自分の内面を変えれば世の中さえ変わってしまう

**テレサ・プッシュカー**　じゃあ、私はエゴの罠《わな》にはまっているということですか？　自分にこの作業を継続し、たえず自己に話しかけ、エゴをつねに浄化しなくてはならないと？　たとえば、欠乏意識を夫に取り去るように説得しようというのも同じことでしょうか？

**ジョー**　そうですね。あなたは、実際に相手を説得しようとしています。でも、自分自身に取り組んでいけば、相手を変え、世の中さえも変えていけます。だから、世界平和を求めるなら、まず自分の内面を穏やかにすることだ、と私は言っているのです。

世界の人々を健康で、豊かで、賢くしたいなら、この目標に貢献できるのもやはり健康で、豊かで、賢い人である、と私はよく話してきました。

自分が大切です。自分に取り組んでください。そうすれば、あなたの夫が変わるか、さもなければあなたのもとを離れていきます。世の中の人も変わっていくか、反対にあなたのほうが現実の事態に巻き込まれなくなります。

それが、自分の内面の出来事に比例して、世の中の構造も変化するということです。かつて想像していたよりも、あなたははるかに自分の思い通りに動けるようになります。自分の内面に取り組めば、外部も変わります。

## どんな時も宇宙はあなたを見守っている

**テレサ・プッシュカー**　ありがとうございます。私が尋ねた質問に対する答えの多くは、犠牲者意識に陥ってしまうことに関するものでした。私が見ている宇宙や世界は、自分の内面の意識状態がつくり出したもの。この意識状態は、実際の宇宙とはおそらくかなり異なっているでしょう。真実の宇宙と比較して、自分が誤った道に従っていることをどうすれば見抜くことができるのか、話していただけますか?

**ジョー**　恐れるものなどなにもない、というのが宇宙の真実です。「恐れるな。恐れるものはない」という言葉は、スピリチュアルな教えのほとんどすべてにおいて、繰り返されているテーマです。

犠牲者意識やエゴを抱いている人間はほとんどが恐れを抱いています。彼らはあらゆることに恐怖の種を見つけ出しています。自分が何を口走ってしまうかに恐れ、自分が人から何を言われるかと恐れています。次の曲がり角も、面接試験も恐れているのです。発生するすべての出来事に震えているのです。

宇宙は基本的に「あなたは見守られています。恐れることなどなにもありません。私たちはあなたを愛しています」とささやいています。本質的に、神聖なる存在、宇宙の中心にあるのは愛なのです。

エゴの意識は、自分の身は自分で守らなくてはいけないと考えているのに、神聖なる存在、宇宙は「無理するのは止《や》めなさい。自分の身は自分で守ろうとしてはいけません。雑念も捨てなさい」と言おうとしているのですから、大きな矛盾があります。この言葉に従うと、悟りを開くことができ、神聖なる存在自体にはなれませんが、一体にはなれます。

## 神の存在についてエゴから分析してはいけない

**テレサ・プッシュカー**　今、膨大な数の本が刊行されていますが、ベストセラーは「神は存在しない」「神は私たち全員を安心させ、気分をよくするための道具にすぎない」といった考えが前提になっています。そのことについて、どのようにお考えですか？

**ジョー**　この前提には真実も幾分含まれています。なぜなら、実際に人間がつくった神を崇拝している信仰が数多くあるからです。

私はマーク・トウェインの言った次の言葉が大好きです。「聖書には『神は御自分にかたどって人を創造された』といったようなことが書いてある」と言った後で、「でもいったいそう言ったのは誰なのだろう？」と疑問を出しています。

もちろん、この答えは人間です！　神といっても、それはエゴが自分を外部に反映させようとしたものにすぎません。「神とはどのようなものか？」「神は何に似ているか？」たぶん人間にかなり似ていることでしょう。しかし、それ以上のことは分かりません。科学界が神を灰色の長いあごひげがある、といった、ある種のイメージやビジョンの最高存在とみなしたとしましょう。でも、もしそのような存在を見つけられなかったからといって、神が存在しないことの証明にはなりません。あなたの内部をはじめ、あらゆるものの背後にも最高存在は存在しない、ということにはならないのです。それは見当違いの分析をしていることになります。

見つからないのは、間違った場所を眺めているからです。それではいつまで経《た》っても探しているものは見つかりません。探しているものの定義が間違っているのです。

## 事故や悲劇の原因は自分で選ぶことができる

**テレサ・プッシュカー**　事件や病気に関するふたつの異なる考えを耳にしてきました。そのひとつが、「私が責任を全面的に負う」という考えです。

本を読んで、体の中で調子のよくない器官がどのような感情と関連しているのかを見つけ出し、「そうだ、私が抱いている精神的・感情的な障害がこの病気をつくり出しているんだ」と言う人もいれば、「これが自分のせいだとでも言うのか？　事故、怪我、ガン、病気は、私の意識とはまったく無関係だ」と怒り出す人もいます。この点についてあなたはどう思われますか？

**ジョー**　少なくとも、この点について調べる方法がふたつあります。ひとつは、犠牲者である第一ステージにいるなら、怒るのは、「事故は偶然に起こるものだ」「自分はこの事故の犠牲者にほかならない」と考えるからです。しかし、第二ステージの自分の能力に目覚めた状態にいる人なら、多少深く観察し、「ある意味で、私がこの事故を引き寄せ、つくり出し、招いたのだ」と考えるでしょう。

ガンになったり、ひどい自動車事故にあったり、ある種の災害に突然見舞われた人で、次のような話が数多く伝わっています。

彼らはしばらく心に傷を負っていますが、そこから抜け出すと、それが今まで自分に起こったなかで最高の出来事だった、と主張するようになるのです。

このような人は人生を振り返り、「私はミュージシャンになるために（または転職するため、ほかでは絶対に出会えなかったこれこれの人と出会うために）、この事故を引き寄せたのだと思う」と考え、自分の身に起こったよくない出来事にもプラスの理由を見つけ出しているのです。つまり、災難に対して自分を目覚めさせるために用意されたものだと感謝するのです。

世界的な自転車のロードレース選手であるランス・アームストロング氏の話を読んだことがなければ、これは馬鹿げた話に聞こえるかもしれません。しかし、彼自身、ガンにかかったのは人生最良の出来事のひとつであり、この病を克服したのが世界でも一流のアスリートである証《あかし》だ、と言っています。

彼は現在伝説的な人物になっていて、歴史にもその名をとどめることでしょう。彼は他の人なら本当にたじろいでしまうことに、勇気を燃やし立ち向かったのです。犠牲者のままでいるかぎり、その場にずっと立ち止まることになってしまいます。

犠牲者のままで、「自分は事故の犠牲者だ」と考えていることも、「実際に、事故を起こした責任は自分にもあり、この災いを福となし、成長していこう」と言うこともできます。人生の他のあらゆることと同じように、出来事をどうとらえるかには、選択の余地があります。いわゆる事故をどう認識するかは、選ぶことができるのです。

**テレサ・プッシュカー**　外部の状況は同じでも、認識を変えるわけですね。

**ジョー**　外部はまったく変わりません。しかし、もっと神聖な観点からみれば、あなたはそれらを引き寄せたのだといえます。この事実を無視してはいけません。事態をどうとらえるかは、選ぶことができるのです。

自分のことを犠牲者と思っているなら、そんなことは考えようとはしないでしょう。出来事と自分の間に、多少なりとも距離を置くはずです。実際に、それではなにも学ぶことはできません。酔っ払い運転で事故を起こしても、「今夜は、運転するから酒は飲まない」と口にするのが関の山です。

もちろん、事故を起こした、無意識の行動や状況という重要な理由も分かると思います。しかし、あなたは何かを学ぶためにその状況、行為、悲劇をつくり出したのです。それを学んで初めて、あなたは成長していきます。

## 目覚めのいかなるレベルでも成長は止めない

**テレサ・プッシュカー**　四つのステージのお話をしていただいている間に、自分も第四ステージに行けることが楽しみになってきました。ぜひその名誉が私にも与えられるように、祈っています。

ところで、単刀直入にお尋ねしますが、あなたはもう本を必要としなくなる第四ステージに進んでいらっしゃるのですか？　もはやオーディオブックも外部の指針も必要なく、文字通り答えはすべて自分の内面から生まれてくるようになったのですか？

**ジョー**　おもしろい質問ですね。私はまだ第四ステージにいるわけではありません。今は、このステージについて報告するジャーナリストのような存在です。第四ステージのことは知っているし、悟りの体験もほんの少しですが味わえました。しかし、実情はあなたとまったく同じというところです。

まだこれから成長し、進化し、目覚めていく段階にいるのです。

私の理解する範囲ですが、あなたはずっと本を読み、テレビを見、スパゲッティを食べ、踊りに行き、すばらしい経験をしたいと思うでしょう。さまざまな目覚めのレベルで、それを行っているのです。

あなたは今も成長し、学び続けています。あなたが人生や死に関するあらゆることに答えることのできる賢いコンピュータであるというわけではありません。成長を続け、相変わらず学んでいるのです。悪戦苦闘していることもいくつかありますが、自信をもってそれに取り組んでいます。自分が宇宙のドラマのなかで、ある役割を果たしているとしっかり理解しながら、取り組んでいます。しかも、楽しみながら。

あらゆることを笑うことができます。なぜなら、ある程度、あなたはあらゆるものを突き放して見る目があるからです。それは、あなたが神聖なる存在の一部として、すべてをつくったからです。

自分が本当にすばらしい存在であることもある程度は知っています。なぜなら悪戦苦闘していることが解決された時、自分が神聖なる存在と一体になれることが分かっているからです。あなたは学ぶのを止めません。あなたはただ人生の障害物を取り除いているだけではありません。私の理解するところでは、そのステージで人生にもっと深くかかわっているのです。

## 人に嘘をつくのは宇宙に嘘をつくのと同じこと

**テレサ・プッシュカー**　今の答えで、あなたがとても率直な人だと再確認しました。「自分もあなたと同じく旅の途中です」と伝えてもらったおかげで、気分がさっぱりとし、また謙虚な気持ちを味わうことができました。強い信頼と大きな包容力をもって言ってくださいましたね。

私は旅の途中にいる人について考えています。第一ステージと第二ステージでは、自分自身を見つめ、望んでいることが叶《かな》わないのは自分の責任だと気づくのはなかなか難しいですね。自分に愛情と思いやりを抱きつつ、自分の責任を受け止められる自信をもつにはどうすればいいでしょう?

**ジョー**　まず、お褒めいただいてありがとうございます。質問の答えですが、責任をもつことが絶対条件です。誠実であることがこれらのステージを通過するための鍵となると思います。自分に誠実であることが、目覚めていく方法なのです。

どのステージでも、自分に嘘《うそ》をつき、欺こうとしているなら、成長はありえません。自分はホームレスだった、自分は目覚めてもいないし、悟りも得られていない人間だと正直に口にする時、この言葉は自分自身と宇宙に向けて言っているのです。

人生のある時点で、私は人に嘘をつくのは、宇宙に嘘をつくのと同じであることに気づいたのだと思います。私は神聖なる存在に嘘をついていましたが、それは自分を信じなくてもいいと宇宙に教えていたのと同じことです。自分のことも信じられない人間だと宇宙に教えていたのです。

私はかつて人に嘘をつき、実際よりも自分をよく見せようとしていました。その当時は、この嘘を現実にするために、「これこれのものをもたらしてください」「これこれのことを助けてください」と神に祈っていたのです。

神聖なる存在は、「本当に望んでいることかどうか分からない。あなたはすでに自分を信頼してはいけないと言っているのだから」と言ってくるでしょう。

でも、とことん誠実になることは、真実を語ることだと気づいたのです。それは妥協のない誠意です。

私のところにやってきて、「自分の望んでいることが分かりません。何を求めていいのかすら分からないのです。自分の人生にどのように対処したいか、どういう人生を望んでいるのか、何をすればいいのかも分からないのです」と言ってくる人がいますが、私は「あなたは自分にも私にも嘘をついていますね」と答えることにしています。

自分にとことん誠実になるなら、心のなかですでになんとしてもやってみたいことは分かっているはずです。口に出すのを恐れているだけなのです。なぜなら、口に出したからには、すぐに実行して責任をとらなくてはいけないからです。犠牲者意識を抱いている人が恐れているのはその点なのです。

だから、私にとって、まず初めに掲げるのは妥協のない誠実さです。ありのままの自分、自分のやっていること、自分が成し遂げようとすること、引き寄せたいこと、人生で経験したいこと、人生で自分が目指さなくてはならないことにとことん誠実になってください。宇宙はきっと、その態度に敬意を表してくれると思います。

他の人も同じです。

誠実さが目覚めのプロセス、進化のプロセスを迷いなくたどるのに役立ちます。誠実さこそが、成長するための王道なのです。徹底的に誠実であることが、まさしくスピリチュアルな探求につながるのです。

**テレサ・プッシュカー**　とても奥の深い話ですね。ところで今、ちょっとした質問が浮かんできたのですが、お聞きしてもよろしいですか?

## 痛い目にあわなくても目覚める方法はある

**ジョー**　どうぞ。

**テレサ・プッシュカー**　それは、否定についてです。たとえば、受動攻撃性人格（優柔不断、頑固、すねるなどの受動的方法で表現される攻撃的行動が特色の人格障害）の人を例に挙げましょう。最近、受動攻撃性の人間は、自分でこの障害に気づくことはできない、と心理学者から聞きました。周囲に厚いバリアーを張りめぐらせているため、自分にこのような障害があることに気づけない人は、いったいどのように目覚めるきっかけをつくるのでしょうか?

**ジョー**　これは興味深い質問ですね。それは自分が何か成しうる能力があることに目覚めようとしている、犠牲者のステージにいる人々のことですからね。私がこう言うのも、本当に自分を否定し、願望、経験、問題をすべて否定しているのが、犠牲者のステージにいる人間だからなんです。

彼らは自分がコントロールしたり、責任を負ったりする必要はない、と言っています。

ある意味、まったく何事にも取り組もうとはしません。あいにく、この手の犠牲者意識をもっている人間は、ひどく痛い目をみなくては目を覚まさないものなんです。

こんなことを言うのを躊躇《ためら》ってしまうのは、まるで私が痛い目にあうようけしかけているように思われたくないからです、でも、自分自身の影の部分と向き合おうとしない人は多いですね。否定ばかりしていて、実際に自分が望んでいることを認めない人々です。ある時点で、彼らはいわゆる「どん底」を体験します。長い間、ホームレス生活をしていた時、実際に、私はこの状況に陥っていたと思っています。

「ジャック・ロンドンやアーネスト・ヘミングウェイのような破滅型の人物を自分の人生の模範にしていることに気づいたことで何に目覚めたのか？　彼らはすばらしい作家だが、生き方はお世辞にもよくはなかった」ということです。私は彼らのような人生を送ってしまったために、「破滅していた」のです。

目を覚ませたのは、どん底を味わったせいだと思っています。周りを見回して、「私はトイレ、教会の会衆席で眠っている。楽しくないし、なにひとつ成し遂げていない」ことに気づいたのです。誰にでも「私は作家だ。いずれ本を出し、すごい仕事をやってみせる」と話していたかもしれません。しかし、現状は貧しいホームレスでした。

目覚めることができたのは、無意識が「君が眠り続けているかぎり、目覚めさせるためになんらかの手を打ってやろう」と言ってくれていたからです。それが第二ステージに移る時の状況でした。

こんな苦労などせずに、『目覚めのレッスン』(本書)を読んで、第二ステージに入ってもらいたいと願っています。映画「ザ・シークレット」を見たり、友人のジョン・アサラフ、リサ・ニコルス、ジャック・キャンフィールド、ボブ・プロクターたちの著書を読んで、悪夢から目覚めるのではなく、爽快に目を覚ましてもらいたいですね。

**テレサ・プッシュカー** すでにこのような本があることはいいことですね。「あ、これはヴィターレだ。これは誰それのだ。こんな師もいる」といった感覚で、プログラムを勉強しています。実際にあなたの言葉や教えが理解できず、自分の状況を確かめられず、「ああ、自分はこうなんだ」と言えなくても、人生に責任があることを理解するまで、プログラムを読み直して、いつでも正しい道に戻るきっかけをつくることができます。

**ジョー** そうですね。本書を手に取って、今、読んでいるなら、犠牲者のステージを抜け出したということだ、と再確認してもらえるというのはいいことです。実際に自分に何かを成しうる能力を養っていけます。

『目覚めのレッスン』の四つのステージを研究することは、自分で道を切り拓いていく経験ですね。実際に手を上げて、「私は目覚めたい。成長したい。次のステージに行きたい」

と言わなくてはならなかったのです。おめでとう。きっと気分がよくなるはずです。あなたはある意味、犠牲者のステージを離れ、自分に力を感じ、もっと強くなってきたのです。

## ひとつの方向に偏らないバランス感覚が大事

**テレサ・プッシュカー**　社会のなかで一般に受け入れられていることでも、過度にやりすぎて依存状態になってしまうものが数多くあると思います。テレビへの依存、セックスへの依存、コンピュータへの依存。これらのものに没頭してしまうのは、現実を逃避できる手段だからです。食事や運動など、一般によいことだと思われていても、やりすぎると依存になってしまいます。

**ジョー**　まったく同感です。ウィリアム・グラッサーに『ポジティブ中毒』という本があることを指摘しておきましょう。ポジティブな習慣というものがあるのです。たとえば、ランニング、トレーニングなどもそのなかのひとつです。しかし、夢中になりすぎて、職場に現れなくなったり、家族にまったく無関心になってしまっているなら、おそらくマイナスの依存に変わってしまうでしょう。ひとつの方向に走りすぎているからです。

重要なのはバランス感覚です。依存とは、ある種の犠牲者意識の表れだと感じています。自分が苦しんでいる領域をあまりに過剰に埋め合わせようとしているように思えるのです。自分が向き合いたくない問題があり、そこから逃げ出す方法として見つけ出したものですね。依存はテレビや食べ物かもしれませんし、運動や煙草《たばこ》かもしれません。まだまだいくらでもあるでしょう。

## 自分だけで戦おうとせず、助けを求めなさい

**ジョー**　必要な時に助けてもらうことがいかに重要か、私は骨身に沁《し》みています。あなたも知っているように「奇跡のコーチング・プログラム」を始めましたが、このプログラムのなかで、人は励まされ、援助を受け、情報をもらい、ヒントを受けることができます。

コーチについてもらうことで、人生で大きな飛躍ができたことは自分のこの身で分かっています。もちろん、コーチングはスポーツの分野ではもう当たり前のことになっています。野球選手、バスケットボールの選手にはすべてコーチがいます。今は、ビジネス界の人間もコーチをつけています。人間関係に関するコーチもいれば、ワインのコレクターの

コーチだっています。あらゆる人にあらゆる種類のコーチがいるのです。

何かに依存していたり、ひとりでは依存状態を断ち切ることができないと感じているなら、手を上げて、助けを求めなさい、と私は忠告します。

私が仕事で、たまたま壁にぶつかり、そこから抜け出せない時、解決するための秘訣のひとつは、いろいろな種類のクリア・テクニックの知識です。自分の気分をよくする方法もたくさん知っています。しかし、それでも行き詰まりを感じて、問題、人物、物質など自分が何かに依存していると感じていたり、または問題がなかなか解決できない場合、助けを求めるのがいいことに気づいています。私にも奇跡のコーチがいます。いずれそう呼ぶことになるはずのすばらしいコーチもいます。

助けを求めてください。ローン・レンジャー（アメリカのジョージ・W・トレンドルが生み出した西部劇の主人公）のようにひとりで戦おうとしてはいけません。長い間、自分もそうしようとしてきましたが、私の場合、成功はまったく訪れてくれませんでした。ともかく、ひとりでやろうとすると、血のにじむような努力が必要になってしまいます。

**テレサ・プッシュカー**　コーチをもつのがすばらしいのは、自分が答えなくてはいけなかったり、説明責任を負ったりする人物をもてることだというのが分かりました。

多くの人が自分は芯がしっかりしているから大丈夫だと思いがちです。しかし、思いやりをもって、話を聞いてくれるコーチがいれば、自分の価値をさらに高めることができるんでしょうね。電話で「来週、どんな成果を見せてくれる？　どんな成果を手に入れた？」と尋ねてくれるコーチをもつことで、実際に成果が現れてくるのだと思います。

## コーチの存在が成功をもたらしてくれる

**ジョー**　ええ、説明責任をもつことが大切です。次の月曜日になれば、コーチに話をしに行き、「週に三度、トレーニングをしていますか？　小説の執筆に取り組んでいますか？　事業を開きますか、事業計画は書きましたか？」と質問を受けます。コーチがいたほうが、行動を簡単に起こせるようになります。

自分で成し遂げられるほど精神力の強い人もいますが、コーチがいたほうが、もっと行動を起こせるものです。あなたは一層進歩し、もっと幸せになります。なぜなら、伝えなくてはいけない人――あなたを動かし、あなたの目標にしっかり向かわせてくれる、あなたの街角の応援団長――がいてくれるからです。コーチをもつのが成功の鍵です。

**テレサ・プッシュカー**　文字通り、あなたには自分に関心を注ぎ、愛し、励ましてくれる聞き手がいるのですね。

**ジョー**　ええ、かけがえのない存在です。

## 知ることと経験することはどう違うか

**テレサ・プッシュカー**　私も経験することと知ることについてはいろいろ考えています。多くの人がプログラムに耳を傾け、何冊か本を読んでいるかもしれません。知識はあるのです。しかし、体験はしません。このふたつの間には大きな違いがあります。私は自分でもそのことで悩んでいます。

**ジョー**　ええ、知っていることと経験することは別のものです。たとえば、前に瞑想について話した時、あなたは頭を振って、「でも、以前にも瞑想していました」と言っていましたね。しかし、私が話したことのある日常生活のなかでする瞑想をしたなら、まったく異なる体験ができるかもしれません。働きながらでも瞑想し、息をしている時も瞑想しているのです。どうなるのかはお気づきでしょう。

デザートのレシピを読むのと食べるのは違うことです。レシピを読んでもお腹《なか》の足しにはなりません。デザートを食べることで、満足するのです。

目覚めの第四ステージを私は頭では理解しています。しかし、このステージの体験をじっくりと噛《か》みしめているわけではありません。実際には、瞬間的に悟りの状態になり、楽しみ、味わえたことはあり、近頃ではその回数も多くなっています。この状態が続くようにしなくてはならないことも分かっています。

私は毎日、瞑想しています。相変わらず毎日、感謝の瞬間を味わい、「セルフ　アイデンティティ　ホ・オポノポノ」も毎日——実際にはほぼ毎分——やっています。実行しなくてはいけない多くの仕事があり、それをやればやるほど、覚醒、啓発、悟りの準備ができてきます。頭で知るだけではダメです。知ることで、やるべきことの準備は整いますが、それは終わりではなく、目標に向けてのほんの一歩にすぎないのです。

## なぜ、いくつもの仕事を並行してこなせるのか？

**テレサ・プッシュカー**　あなたは仕事のことを話していらっしゃいますが、それはなにかすばらしい喜びをも味わえることとして言っていますね。

**ジョー**　そうです。

**テレサ・プッシュカー**　その点について、説明していただけますか？

**ジョー**　それはすばらしい質問ですね。私の言う仕事とは、ほとんどの人が思い浮かべている仕事とは違います。九時から五時まで働いた後で、みんな文句をたらたら並べるようなたぐいのものではないのです。

私は大変多くの活動をこなしています。およそ五十冊の本を書き、「奇跡のコーチング・プログラム」「エグゼクティヴ・メンタリング・プログラム」というふたつの異なるプログラム、さまざまなDVD、家庭学習講座も作りました。さまざまなテーマのセミナーを開き、講演もし、ブログも極力書くように努めています。ツィッター、フェイスブック、マイスペースにも参加しています。これだけではなく、他にもやることがあります。「どうやってそんなに多くの仕事をこなせるのだろう？」とよく首をかしげられるのですが、私は仕事としてではなく、楽しみとしてやっているのです。

そう考えると、顔がほころんでしまいます。なぜなら、私は書くのが大好きで、何かにかかわったり、自分が見つけたことを人に伝えられる瞬間が楽しいのです。私の本やセミナーで熱心に学び、成長している人がいるのを見るとうれしくなってしまいます。ずっとそうしていたいのです。だから、それは正確にいえば仕事ではありません。あまりに爽快で、楽しい活動なので、やめられないのです。

「仕事」という言葉を使ってきたかもしれませんし、今でもときどき使うことがありますが、ものごとをやり遂げているといった意味でそう言っているのです。これは単語や定義の問題にすぎません。自分の仕事が好きではない人にとって、仕事という言葉に含まれる重荷とか否定的な意味合いはありません。私は自分の仕事が好きで、遊びと同じ感覚でやっています。

## 努力なんていう言葉はもはや過去の遺物

**テレサ・プッシュカー**　あなたの真正面に座っていると、あなたが放出するエネルギーを浴びているような気分です。明らかに、そのエネルギーはあなたの情熱であり、あなたは無我の境地に立っています。努力なんていう言葉、あなたにとってはもう過去の遺物のようなものですね。

**ジョー**　まったくその通りです。努力は私にはほとんど過去のことです。楽しいことだけを、全力でやっているのですから。おもしろいと思えなくても、確定申告はしなくちゃいけない。その場合は、税金の計算をするのが好きな会計士に任せることにします！

私はこうして自分の富を周囲に広め、みんなを幸せにしているのです。実際に世の中の仕組みはそうなっています。私たちは全員が、さまざまな役を演じているのです。私にとっておもしろいことがあなたにもおもしろいとはかぎりません。会計士にとっておもしろいことは、私やあなたにとってはつまらないことかもしれません。やらなくてはいけないことを、喜んで引き受けてくれる人を見つけ、雇うことにしています。

今度は、やってもらった人物が、私たちを使って、自分たちが不得手なことを代わりにやってもらえばいいのです。このように、各自の天職に従うことで、世界は動いているのです！

## うんざりさせられたら「クリア」するチャンス

**テレサ・プッシュカー**　では、新しい質問をします。最近、スピリチュアルの師が、何かにうんざりさせられたら、縁を切りなさい、それでおしまいです、と言っているのを聞きました。何かによってうんざりさせられたなら、自分の内面にある見たくない一面が、その原因だという教えとは正反対ですね。しかし、何かにうんざりさせられた時、すっぱり縁を切るという話を聞いて「あー、それが正しいんじゃないか、気分もいいし」と感じたのです。

でも、ここには実際、矛盾がありますね。この点に関するあなたの見解をお聞かせいただけますか？

**ジョー**　私は最初の教えにはまったく頷《うなず》くことができません。「何かにうんざりさせられたら、それとの縁を切る」というのはいったいどういう意味なのでしょう。

私は、世の中の動きを理解する方法をもっています。何かにうんざりさせられる理由は、内面にある自分自身を動揺させる同じ一面が反映されているからなんです。それはあなたの判断、特徴としてもっているものかもしれない。そういうものが外部に引き出されているんです。

動揺させられたり、うんざりさせられるものが見つかったなんて、耳寄りな知らせと言ってもいいでしょう。なぜなら見つけた瞬間、あなたはクリアしなくてはならないことが分かるのですから。クリアし、愛によって内面で浄化し、その思い込みの背後にある存在を見つけ出した瞬間、あなたは解放されるのです。

あなたはクリアし、この浄化のプロセスを経た後に、うんざりさせられていたものを目にしても気にならなくなるでしょう。本のなかの物語を読んでいるのと同じような目で見られるようになります。うんざりさせていたものにはエネルギーも、否定性もなくなり、浄化されるのです。だから、「縁を切れ」という考えには反対です。

## 人生のあらゆる物事を無条件に受け入れる

**テレサ・プッシュカー**　だから、無条件の愛が重要なんですね。文字通り、あなたは何にも引きずられないようにあらゆるものをクリアしてきたんですね。怒りや欲求不満を、これ以上抱かないように――。あなたの答えのなかには思いやりがありますね。

**ジョー**　周りのあらゆるものに無条件の愛を広めるのが、私たちの目標だと思います。なんであれ、何かを見て、それが愛だと言い、その愛は神、神聖なる存在に根差していて、まったく判断などしないようになれたなら、あなたは目覚めの状態にいます。私に言わせてもらえば、ある時点で、あなたはこの状態に進まなくてはなりません。

あなたがゴキブリを見て、「愛している」と言えるなら――すなわち今まで、あなたが嫌悪を催していたものを見ても、「愛する理由、その価値や長所、いい面、役立て方が分かるようになれば」――あなたは目覚めます。
人生のなかのあらゆるものを無条件に受け入れられるようになる境地、すなわち悟りの境地に達しているか、またはそのごく近くにいるのです。

## 「許し」を与えなければずっと過去にとらわれたまま

**テレサ・プッシュカー**　それは許しのテーマにもつながりますね。あなたもご存じのように、今の世の中では許すといっても、あまり受け入れられない考えですね。私たちはなかなか許そうとはしないのです。許そうかどうか迷ってしまうと、エネルギーが枯渇してしまうことに気づいているのです。

**ジョー**　このテーマを出してもらって、とてもうれしく思います。許しはおそらく有効なクリア・テクニックのひとつなんです。インタビューでこの話題を今までしていませんでしたから、今取り上げてもらってありがたく思っています。

私たちは許しに取り組む必要があります。人生のどこかに障害があるなら、おそらく自分やその障害に関係のある人物を許せないものです。人間は過去に後悔することになる言動をしているものです。胸に手をあてれば、誰もが若いころそんな過ちを犯したことに心当たりがあるはずです。

大人になる過程でも、相変わらずヘマをしてしまい、自分を許すことができなくなります。私たちはその失敗を忘れることができず、自分を責めます。無意識で自分を責めていることも多いのです。

自分や他人を許すことは、自分の負のエネルギーを解放するためにできる、もっとも有効な手段です。人生のなかで自分や他人を許せなくなった時、あなたは相変わらず過去を引きずっているのです。今、この瞬間にいないということは、過去や未来に暮らしているのと同じことです。

自分を含め、人を許せないなら、相変わらず過去に生きているということです。思い込み、恨み、後悔など、起こったことはなんでも引きずって歩いているのです。これらは許す必要があるのです。自己啓発の市場で許しのテーマがどれくらい重要か、どのように考えられているかは、どうでもいいことです。

もっともすばらしい効果を上げてくれる手段は、許してあげなくてはならない人物のリストを作ることです。名前を書くことだけでも効果があるかもしれません。

## 自分がかかわった人全員を許すための方法

**ジョー**　腰を下ろして、一枚の紙か、あるいは日記の中に書く場所を見つけてください。発生したすべてのことをリストにして、次にその出来事に関係のある人物全員に許しを与えてください。

本書で前に犠牲者のことについて話した時、読者に自分が犠牲者だと感じた瞬間をすべてリストにしてもらうように言っていましたね。今、そのリスト全体を調べ、その瞬間にかかわりのあった全員を許してあげてください。これはすばらしいことです。

無理な注文だとおっしゃるかもしれませんが、毎日、少しずつ実行していきましょう。あなたはかかわっている人の名前を見ながら、「許してください。ごめんなさい。かかわっている人全員を許します」と唱えます。

「セルフ　アイデンティティ　ホ・オポノポノ」をやってみるのもいいでしょう。感じることは感じるままにしてください。神聖なる存在に許すのを助けてくれるよう求めてください。「許してください。ごめんなさい。ありがとう。愛しています」という言葉で。

神聖なる存在から特別なチップが与えられるでしょう。実際に自由に前進していけるよう、道の障害をすべて処理したいなら、過去に戻って自分や出来事にかかわったすべての人を許してあげなさい。深呼吸をして、この作業をしている時、驚くほどすばらしい変化が起こっていきます。自分も関係した人間も、すべてを許してあげるのです。

## 完全な許しを与えればあなた自身が解放される

**ジョー**　完全に許すというのは、かつて悪いことはひとつもなかったことに気づくということです。これが本当の許しです。無条件の愛をもって、この精神状態に至れば、実は悪いことはひとつも起こっていなかったことに気づけます。

悪い出来事だと思っていたのはいいことで、実際、その出来事があったから成長していけたことが分かります。相手もそこから成長しています。そのために、私たちは変わるのです。なにも悪いことは起こらなかったことに気づくようになった時、あなたは自由になります。あなたは解放されていくのです。

## 神聖なる存在に許しの手助けをしてもらいなさい

**テレサ・プッシュカー**　すばらしい洞察ですね。あなたが話しているある段階で、私は「この人物をなかなか許すことができない。そして、許すことができない自分も責めている。進んで許せないなら、エネルギーを失うことになるのに」と考えていました。でも、神聖なる存在と自分自身に、「ごめんなさい。許してください」と言い続ければ、それだけでクリアし、浄化されていくことになるのですね。

**ジョー**　あなたは助けを求めています。それは賢明なことです。どんな理由であれ、行き詰まってしまい、自分や他人を許せないように感じるなら、神聖なる存在に向かって、「私には処理できないほど大きなことです。私を助けてください。許してください。ごめんなさい。ありがとう。愛しています」と祈ってください。

許すことができないというその感情を処理するのです。神聖なる存在に助けていただきましょう。神聖なる存在は、願いさえすればそれに応えてくれます。

**テレサ・プッシュカー**　私たちはあまり助けを求めてこなかったんですね？

**ジョー**　そうです。

**テレサ・プッシュカー**　今日は、本当にありがとうございました。もっとたくさん質問したいことがありますが、予定がおありのことと思いますから。

**ジョー**　最後に、ひと言言っておきましょう、『ハワイの秘法』の共著者ヒューレン博士は「疑問なんて頭がつくり出したものにすぎない」と言っています。実際に疑問が浮かんだら、ゆだねて浄化することです。それで神聖なる存在に一歩近づくことができます。

## 謝辞

私の広報担当で、アシスタントでもあるスザンヌ・バーンズは、同タイトルのオーディオブックのテープ起こしの段階から、本書の編集に携わってくれました。

編集の過程でも多くの人の手を煩わせました。

私の人生の伴侶ネリッサは、本書の製作に集中できるように、我が家のペットたちの世話をしてくれました。

また、私の人生を支えてくれる次の親しい人々に感謝します。

パット・オブライエン、クレッグ・ペリン、ビル・ヒブラー、リックとメアリーのバレット夫妻、ブラッド・マーカス、ヴィクトリア・ビルー・シェーファー。

ピーター・ウィンク、テレサ・プッシュカーには本書を作る際に助けていただきました。

私に影響を与えてくれた、富に関する大勢の師たちにも感謝します。エドウィン・ゲインズ、エリック・バターワース、チャールズ・フィルモア、エリザベス・タウン、ウィリアム・ウォーカー・アトキンソン、ロバート・コリアー、ネヴィル・ゴダード、バーノン・ハワード、スチュワート・ワイルド、アイク牧師、キャサリン・ポンダー、ジョセフ・マーフィー、エドウィン・ゲインズ、

また、私を助けてくれた霊性の師には、ラジニーシ、ブリオン・カティー、テリー・コール・ウィットテイカー、そして、ボブ・プロクター。

ジョン・ウィリー&サンズのすばらしいお二人、それから、とりわけ私を信頼し、最近の本を出版してくれているマット・ホルトに感謝します。デーヴィッド・ホーキンス、ヒュー・レン博士がいます。

本書を作成するのを助けてくださったにもかかわらず、ここに名前を載せるのを忘れてしまったとしたら、どうぞご容赦ください。

そして、本書を手に取ってくださったすべての読者に感謝します。

あなたがたがいなければ、本書を出す意味などなくなってしまうでしょう。

本書を楽しんでください。長寿と繁栄に恵まれますように。

あなたがたは目覚めに向かってすでに歩き出しています！

# 訳者あとがき

ジョー・ヴィターレ氏はアメリカでももっとも注目されるスピリチュアリストのひとりであり、すでに数多くのベストセラー書を世に送り出しています。日本でも、引き寄せの法則をテーマにした『宇宙スイッチ』や話題のホ・オポノポノを紹介した『ハワイの秘法』など、多くの読者を獲得しています。

本書『奇跡を起こす目覚めのレッスン』は、この二作を凌駕《りようが》する作品である、と著者自らが宣言する意欲作です。なぜでしょう？

それは彼が今まで気づいていなかった人生の新しいステージを発見したからです。

本書のテーマは「目覚め（覚醒）」です。ヴィターレ氏は人生を自分を徐々に目覚めさせていく修行の場である、と捉えています。

彼によれば、人生には四つのステージがあります。犠牲者意識を抱いている第一ステージ、『宇宙スイッチ』でテーマにした自分の力に目覚める第二ステージ、『ハワイの秘法』で紹介した神にゆだねることを身につける第三ステージ、そして本書で初めて解き明かされる神と一体となる第四ステージです。それは、とりもなおさず、人生でもっと自分の夢を実現し、本当の幸せをつかんでいくための旅のロードマップと言えるでしょう。

ヴィターレ氏は本書でこの四つのステージをたんなる知識としてではなく、自分の人生と絡めて説明してくれています。なぜホームレスになってしまったのか、マーケッターとしての評判を危うくしてまでなぜスピリチュアリティの本を書き世に出したのか、そしてハワイの秘法ホ・オポノポノの治療師イハレアカラ・ヒューレン氏との不思議な出会いの経緯から、新たな覚醒のステージの発見に至るまで、自らの具体的体験が本書には満載されています。

読んでいくうちに、自分も人生の旅に出かける勇気がふつふつと湧いてくるはずです。読者は今、自分が人生のどのステージにいるのか把握し、次のステージに上るための鍵を手に入れることができます。彼の著作を一冊も読んだことがなくても、人生の各ステージが親切に説明されていますので心配はいりません。

また彼は引き寄せの法則をテーマにした映画「ザ・シークレット」のメイン出演者でありながら、引き寄せの法則は成功のスタート地点にすぎないと大胆な発言もしています。

なぜ、「ザ・シークレット」のＤＶＤを何度も見て、本も熟読しているのに成功は訪れてくれないのか？　このような批判をする人は大勢います。

しかし、彼はそんな批判にもズバリ解答を出しています。さらにホ・オポノポノに対する疑問にもやさしく答えています。たとえば、この『ハワイの秘法』で唱える四つの言葉（「ごめんなさい。許してください。ありがとう。愛しています」）は、本に印刷されている順番に唱えないといけないのでしょうか？　気が進まなければ省いていい言葉とは？

興味の尽きぬ、絶対お勧めの一冊です。

最後になりましたが、本書の翻訳にあたり、サンマーク出版の佐藤理恵さん、平沢拓さんには大変お世話になりました。心より感謝します。

二〇一一年五月

住友　進

著者｜ジョー・ヴィターレ（Joe Vitale）

マーケティング企業、ヒプノティック・マーケティング社社長。スピリチュアリティとマーケティングに対する優れた洞察力のもち主で、「インターネット界のブッダ」と呼ばれ尊敬されてきた。彼の書く記事は多くの読者から喝采を浴びている。主なクライアントに、赤十字、PBS公共放送、ハーマン児童病院など数多くの国際的な企業がある。
『宇宙スイッチ』（小社）の前身となった『スピリチュアル・マーケティング』（ヴォイス）が米国アマゾンのランキングでナンバーワンを獲得したほか、『あなたを成功と富と健康に導くハワイの秘法』（PHP研究所）、『ザ・キー ついに開錠される成功の黄金法則』（イースト・プレス）なども米国で次々とベストセラーになっている。また、話題の『ザ・シークレット』（角川書店）のなかで大々的に取り上げられ、映画「ザ・シークレット」にもメインキャストとして出演している。

訳者｜住友 進（すみとも すすむ）

翻訳家。北海道生まれ。早稲田大学第一文学部卒。ディーパック・チョプラ『富と宇宙と心の法則』『迷ったときは運命を信じなさい』やジョー・ヴィターレ『宇宙スイッチ』（いずれも小社）、キャロル・アドリエンヌ『人生の意味』（主婦の友社）、オグ・マンディーノ『この世で一番のメッセージ』（竹書房）、リン・A・ロビンソン『直感で生きる』（講談社）、アーサー・ゴールドワグ『カルト・陰謀・秘密結社大事典』（河出書房新社）など訳書多数。


# 奇跡を起こす目覚めのレッスン

2011年6月20日　初版印刷
2011年6月30日　初版発行

著者　ジョー・ヴィターレ
訳者　住友 進
発行人　植木宣隆
発行所　株式会社サンマーク出版
〒169-0075　東京都新宿区高田馬場2-16-11
電話　03-5272-3166
印刷　株式会社暁印刷
製本　株式会社若林製本工場

定価はカバー、帯に表示してあります。落丁、乱丁本はお取り替えいたします。
ISBN978-4-7631-3157-7　C0030
ホームページ　http://www.sunmark.co.jp
携帯サイト　http://www.sunmark.jp